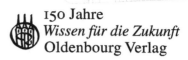

150 Jahre
Wissen für die Zukunft
Oldenbourg Verlag

Objektorientierte Systemanalyse

von

Prof. Dr. Gert Heinrich
Berufsakademie Villingen-Schwenningen

und

Klaus Mairon
Hochschule Furtwangen

Oldenbourg Verlag München

Bibliografische Information der Deutschen Nationalbibliothek

Die Deutsche Nationalbibliothek verzeichnet diese Publikation in der Deutschen Nationalbibliografie; detaillierte bibliografische Daten sind im Internet über <http://dnb.d-nb.de> abrufbar.

© 2008 Oldenbourg Wissenschaftsverlag GmbH
Rosenheimer Straße 145, D-81671 München
Telefon: (089) 45051-0
oldenbourg.de

Lektorat: Wirtschafts- und Sozialwissenschaften, wiso@oldenbourg.de
Herstellung: Anna Grosser
Coverentwurf: Kochan & Partner, München
Cover-Illustration: Hyde & Hyde, München
Gedruckt auf säure- und chlorfreiem Papier
Druck: Grafik + Druck, München
Bindung: Thomas Buchbinderei GmbH, Augsburg

ISBN 978-3-486-58366-3

Vorwort

Schon seit einigen Jahren verlangen die Studierenden an den verschiedensten Einrichtungen wie Universitäten, Fachhochschulen und den Berufsakademien in Baden-Württemberg kompakte Lehrbücher mit einem vernünftig dosierten Anteil an Übungsaufgaben mit vollständigen Lösungen. Im Zuge der Umstellung von den Diplomstudiengängen auf die neuen Abschlüsse Bachelor und Master kann diesem Wunsch bestens entsprochen werden, da sämtliche Vorlesungsinhalte in Form von Modulen beschrieben werden, die an allen Studieneinrichtungen größtenteils inhaltlich übereinstimmen.

In einem Phasenmodell stellt die **Systemanalyse** eine der frühen Phasen der Systementwicklung dar, in der die Grundlagen für die Neuentwicklung bzw. für die Verbesserung eines Systems geschaffen werden.

In der **allgemeinen Systemanalyse** werden Vorgehensweisen, Modelle und Werkzeuge betrachtet, die schon seit Jahrzehnten im Einsatz sind. Diese wird in dem Band Heinrich: Allgemeine Systemanalyse in dieser Reihe behandelt.

Im Gegensatz dazu werden in der **objektorientierten Systemanalyse** neuere Konzepte verwirklicht. Um die immer komplexeren Anforderungen an Softwaresysteme vollständig beschreiben zu können, wird mit einheitlichen Abstraktionsmechanismen gearbeitet und versucht, nahe an der Realität zu modellieren. Durch das Zauberwort Objektorientierung wird versucht, durchgängige Konzepte, Modelle, Methoden und Werkzeuge über alle Phasen der Systementwicklung einzusetzen.

Im einleitenden Kapitel erfolgt eine kurze Einführung in die Objektorientierung. Nach der Entstehungsgeschichte und der Historie werden Vorgehensmodelle vorgestellt. Die Grundkonzepte und die Modellierungssprache UML runden dieses Kapitel ab.

Im zweiten Kapitel wird die Objektmodellierung allgemein betrachtet. Es werden die wichtigsten Konzepte der Struktur- und Verhaltensmodellierung angegeben.

In den folgenden beiden Kapiteln erfolgt die praktische Umsetzung in den Phasen Objektorientierte Analyse und Objektorientiertem Design. Ausgehend von der Anwendungsfallmodellierung wird die Erstellung des Fachkonzepts schrittweise durch die geeigneten Diagrammformen der UML verfeinert. Erste Schritte in das Objektorientierte Design legen die Grundsteine für die erfolgreiche Umsetzung in der Entwicklung.

Den Abschluss eines jeden Kapitels bilden Übungsaufgaben. Zu allen Aufgaben gibt es ausführliche Lösungen.

Unser Dank gilt unseren Familien für Verzicht, Verständnis und Nachsicht. Für die kritische Durchsicht des Manuskripts und das unermüdliche Korrekturlesen bedanken wir uns bei Frau Susanne Heinrich, Frau Sabine Heinrich und den Herren Wirtschaftsassistenten Daniel Gantert, Roland Polzhofer, Florian Straub, Sascha-Niko Streicher und Simon Trippner.

Unser besonderer Dank gilt Herrn Dr. Jürgen Schechler vom Oldenbourg-Verlag für die angenehme Zusammenarbeit bei der Entstehung dieses Buches.

Für Hinweise auf Fehler und Verbesserungsvorschläge sind wir jedem Leser dankbar.

Villingen-Schwenningen, im März 2008   Gert Heinrich, Klaus Mairon

Inhalt

1	**Einführung in die Objektorientierung**	**1**
1.1	Entstehungsgeschichte der Objektorientierung 1	
1.2	Historie der Objektorientierung 7	
1.3	Objektorientierte Vorgehensmodelle 9	
1.4	Grundkonzepte der Objektorientierung 9	
1.5	UML 11	
1.6	Aufgaben 14	
2	**Objektmodellierung**	**15**
2.1	Einführung 15	
2.2	Strukturmodellierung 17	
2.2.1	Klassendiagramme 17	
2.2.2	Klassen 17	
2.2.3	Attribute 20	
2.2.4	Methoden 22	
2.2.5	Vererbung 24	
2.2.6	Assoziation 27	
2.2.7	Aggregation und Komposition 29	
2.2.8	Abhängige Klassen 30	
2.2.9	Spezielle Klassen 32	
2.2.10	Beispiele für Klassendiagramme 33	
2.2.11	Objektdiagramme 35	
2.2.12	Objekte und Wertebelegungen 36	
2.2.13	Beispiele für Objektdiagramme 37	
2.3	Verhaltensmodellierung 40	
2.3.1	Sequenzdiagramme 40	
2.3.2	Beispiele für Sequenzdiagramme 43	
2.3.3	Kommunikationsdiagramme 45	
2.3.4	Beispiele für Kommunikationsdiagramme 45	
2.3.5	Zustandsdiagramme 46	
2.3.6	Beispiel für Zustandsdiagramme 52	

2.4   Aufgaben...52

3   Objektorientierte Analyse   57

3.1   Anwendungsfälle 58
3.1.1   Anwendungsfälle und Akteure...58
3.1.2   Anwendungsfälle beschreiben...61
3.1.3   Beziehungen zwischen Anwendungsfällen 64
3.1.4   Checkliste Anwendungsfälle...66
3.1.5   Aufgaben...67

3.2   Aktivitätsdiagramme...69
3.2.1   Das Tokenkonzept...70
3.2.2   Aktivitäten und Aktionen..72
3.2.3   Kontrollknoten und strukturierte Knoten 76
3.2.4   Aktivitätsbereiche 79
3.2.5   Checkliste Aktivitätsdiagramme 79
3.2.6   Aufgaben...80

3.3   Klassen- und Objektdiagramme 80
3.3.1   Pakete – die Einteilung in Subsysteme 81
3.3.2   Schritte zum statischen Modell 82
3.3.3   Assoziationen korrekt beschreiben...84
3.3.4   Strukturstarke vs. strukturschwache Modellierung 86
3.3.5   Anwendung von Analysemustern..88
3.3.6   Checkliste Pakete und Statisches Modell..91
3.3.7   Aufgaben...92

3.4   Zustandsautomaten..95
3.4.1   Einsatz von Zustandsautomaten 96
3.4.2   Checkliste Zustandsautomat..97
3.4.3   Aufgaben...97

3.5   User Interface Design...98
3.5.1   Dialogstruktur auf Basis des statischen Modells...................................99
3.5.2   Gestaltungsregeln für Dialoge...103
3.5.3   Dialogfolgen mit Zustandsautomaten spezifizieren 104
3.5.4   Aufgaben...106

3.6   CRC-Karten 106
3.6.1   Einsatz von CRC-Karten...107
3.6.2   Aufgabe...108

4   Objektorientiertes Design   109

4.1   Verfeinerung des Klassendiagramms...110
4.1.1   Klassen und Objekte 110
4.1.2   Schnittstellen...111
4.1.3   Beziehungen...113

4.1.4   Pakete 116
4.1.5   Komponenten 117
4.1.6   Aufgaben 118

4.2   Szenarios mit Sequenzdiagrammen 120

4.3   Beschreibung von Zustandsänderungen 121
4.3.1   Interaktionen im Timingdiagramm 121
4.3.2   Kriterien für den Einsatz von Timingdiagrammen 122
4.3.3   Aufgabe 123

4.4   Wege zu einem guten Design 123
4.4.1   Entwurfsmuster einsetzen 123
4.4.2   Beispiel Fassaden-Muster 125
4.4.3   Design-Prinzipien und Heuristiken 126

5   Lösungen   129

5.1   Lösungen zu Kapitel 1 129

5.2   Lösungen zu Kapitel 2 130

5.3   Lösungen zu Kapitel 3 149
5.3.1   Lösungen zu Kapitel 3.1 149
5.3.2   Lösungen zu Kapitel 3.2 155
5.3.3   Lösungen zu Kapitel 3.3 159
5.3.4   Lösungen zu Kapitel 3.4 163
5.3.5   Lösungen zu Kapitel 3.5 164
5.3.6   Lösung zu Kapitel 3.6 166

5.4   Lösungen zu Kapitel 4 168
5.4.1   Lösungen zu Kapitel 4.1 168
5.4.2   Lösung zu Kapitel 4.3 170

6   Literatur- und Quellenverzeichnis   171

7   Index   173

Abbildungsverzeichnis

Abb. 1.1 konventionelle oder strukturierte Vorgehensweise 2

Abb. 1.2 Wasserfallmodell..2

Abb. 1.3 objektorientierte Vorgehensweise 5

Abb. 1.4 Bestandteile einer Firma und deren Zusammenhänge..6

Abb. 1.5 Zustände eines EDV-Mitarbeiters 7

Abb. 1.6 historische Entwicklung der Programmiersprachen..8

Abb. 1.7 objektorientierte Vorgehensweisen und Modellierungssprachen....................................8

Abb. 1.8 Übersicht über UML-Diagramme 12

Abb. 2.1 Darstellung der Realität...16

Abb. 2.2 Darstellung in einem Modell..16

Abb. 2.3 UML-Notation: Klasse...18

Abb. 2.4 Klasse Person (Firmenwelt) 18

Abb. 2.5 Klasse Person (Firmenwelt) mit Kapselung 19

Abb. 2.6 Klasse Person (Sportler und Schüler)..19

Abb. 2.7 UML-Notation: abstrakte Klasse...20

Abb. 2.8 UML-Notation: vollständige Attributedeklaration..20

Abb. 2.9 Klasse Person: vollständige Attributedeklaration...21

Abb. 2.10 UML-Notation: vollständige Methodendeklaration 22

Abb. 2.11 Klasse Person: vollständige Methodendeklaration..23

Abb. 2.12 UML-Notation: Vererbung 24

Abb. 2.13 UML-Notation: Vererbung mit Polymorphismus 25

Abb. 2.14 Klassendiagramm Firmenwelt: Vererbung...26

Abb. 2.15 Klassendiagramm Wirtschaftsinformatiker: Mehrfachvererbung 26

Abb. 2.16 UML-Notation: Assoziation 27

Abb. 2.17 Klassendiagramm Firmenwelt: Assoziation...28

Abb. 2.18 Klassendiagramm Firmenwelt: spezifizierte Assoziation 28

Abb. 2.19 Klassendiagramm Firmenwelt: Assoziationklasse...28

Abb. 2.20 UML-Notation: Aggregation und Komposition..29

Abb. 2.21 Klassendiagramm Firmenwelt: Aggregation 30

Abb. 2.22 Klassendiagramm Firmenwelt: Komposition...30

Abb. 2.23 UML-Notation: abhängige Klassen 31

Abb. 2.24 Klassendiagramm Firmenwelt: abhängige Klassen 31

Abb. 2.25 UML-Notation: Schnittstelle..32

Abb. 2.26 UML-Notation: Entität...32

Abb. 2.27 UML-Notation: Steuerungsklasse..33

Abb. 2.28 UML-Notation: Klasse für Schnittstellenobjekte...33

Abb. 2.29 Klassendiagramm Firmenwelt 34

Abb. 2.30 Klassendiagramm Jugendliche...35

Abb. 2.31 UML-Notation: Objekt 36

Abb. 2.32 UML-Notation: Objekt mit Wertebelegung..37

Abb. 2.33 Objekt ITMitarbeiter (Firmenwelt)..37

Abb. 2.34 Objektdiagramm Firmenwelt Variante 1..37

Abb. 2.35 Objektdiagramm Firmenwelt Variante 2..38

Abb. 2.36 Objektdiagramm Firmenwelt Variante 3..39

Abb. 2.37 Objektdiagramm Jugendliche 39

Abb. 2.38 UML-Notation: Kommunikationspartner und Lebenslinien...............................41

Abb. 2.39 UML-Notation: Lebenslinie und Ausführungssequenz 41

Abb. 2.40 UML-Notation: Nachrichten...42

Abb. 2.41 Sequenzdiagramm Angebot (einfach)...42

Abb. 2.42 Sequenzdiagramm Angebot: Alternative 43

Abb. 2.43 Sequenzdiagramm Angebot 44

Abb. 2.44 Sequenzdiagramm Suche im Internet...44

Abb. 2.45 UML-Notation: Partner, Lebenslinie und Nachrichten 45

Abb. 2.46 Kommunikationsdiagramm Angebot 45

Abb. 2.47 Kommunikationsdiagramm Suche im Internet..46

Abb. 2.48 UML-Notation: Zustände..46

Abb. 2.49 UML-Notation: Zustandsübergänge..47

Abb. 2.50 Zustandsdiagramm IT-Mitarbeiter: Zustände..47

Abb. 2.51 Zustandsdiagramm IT-Mitarbeiter: unspezifizierte Zustandsübergänge 48

Abb. 2.52 Zustandsdiagramm IT-Mitarbeiter: nur Transitionen spezifiziert 48

Abb. 2.53 Zustandsdiagramm IT-Mitarbeiter: vollständig spezifiziert................................49

Abb. 2.54 UML-Notation: Kreuzung..50

Abb. 2.55 UML-Notation: Entscheidung...50

Abb. 2.56 UML-Notation: Gabelung und Vereinigung 51

Abb. 2.57 IT-Mitarbeiter: Kreuzung und Entscheidung 51

Abb. 2.58 Zustandsdiagramm IT-Mitarbeiter 52

Abb. 3.1 Wer ist Akteur? 59

Abb. 3.2 Notation für Anwendungsfalldiagramme 60

Abb. 3.3 Anwendungsfalldiagramm eines Geldautomaten...60

Abb. 3.4 Textschablone für die Anwendungsfallbeschreibung..61

Abb. 3.5 Anwendungsfallbeschreibung „Überweisung am Automaten durchführen"...........63

Abb. 3.6 Erst den Kunden identifizieren oder erst die Bestellung aufnehmen?.....................64

Abb. 3.7 Beispiele für include- und extend-Beziehungen...65

Abb. 3.8 Beispiel für ein Aktivitätsdiagramm 69

Abb. 3.9 Token aktivieren Aktionen..71

Abb. 3.10 Tokenrouting...71

Abb. 3.11 Tokenvervielfältigung und Tokenverschmelzung...72

Abb. 3.12 Unterschiedliche Aktionen..73

Abb. 3.13 Aktivität mit Eingabe- und Ausgabe-Parametern..73

Abb. 3.14 Objektknoten als Eingangs- und Ausgangsparameter 74

Abb. 3.15 Unterschiedliche Kanten (Kontrollfluss und Objektfluss) 75

Abb. 3.16 Kontrollknoten in Aktivitätsdiagrammen...77

Abb. 3.17 Modellierung eines Unterbrechungsbereichs.......................................78

Abb. 3.18 Modellierung von Aktivitätsbereichen..79

Abb. 3.19 Paketdiagramm mit Abhängigkeiten..81

Abb. 3.20 Beispiel zur Dokumentenanalyse...83

Abb. 3.21 Eindeutige Beziehungsrichtungen..85

Abb. 3.22 Strukturschwache Modellierung..86

Abb. 3.23 Strukturstarke Modellierung..87

Abb. 3.24 Beispiel für das Muster Exemplartyp...89

Abb. 3.25 Beispiele für das Muster Stückliste..90

Abb. 3.26 Praktikumsliste...93

Abb. 3.27 Zustandsautomat zu einem Anwendungsfall.......................................95

Abb. 3.28 Erfassungs- und Listenfenster für die Klasse Buch............................100

Abb. 3.29 Darstellung von 0..1-Assoziationen...101

Abb. 3.30 Darstellung von 0..*-Assoziationen...102

Abb. 3.31 Spezifikation einer Dialogfolge mit einem Zustandsautomaten........105

Abb. 3.32 Klassendiagramm zu Aufgabe 1 und Aufgabe 2................................106

Abb. 3.33 Ein UML-Diagramm und eine passende CRC-Karte..........................107

Abb. 4.1 Beispiel eines Containers für die Verwaltung von Personen...............110

Abb. 4.2 Interface als Servicedefinition einer Komponente..............................112

Abb. 4.3 Verwendung einer assoziativen Klasse...114

Abb. 4.4 Assoziative Klasse im Designmodell...114

Abb. 4.5 Ternäre Assoziation..115

Abb. 4.6 Ternäre Beziehung im Designmodell...115

Abb. 4.7 Pakete und Unterpakete mit Abhängigkeiten.......................................116

Abb. 4.8 Komponenten und ihre Schnittstellen...117

Abb. 4.9 Klassendiagramm für Studenten und Praktikumsfirmen......................119

Abb. 4.10 Firma und ihre Mitarbeiter...119

Abb. 4.11 Mögliche Anwendung von Sequenzdiagrammen im Projekt...............120

Abb. 4.12 Timing-Diagramm einer Ampel...122

Abb. 4.13 Fassaden-Muster 126

1 Einführung in die Objektorientierung

Objektorientiertes Denken, Modellieren und Entwickeln sind Teile des derzeit aktuellsten und modernsten Bereichs der Systementwicklung. Bevor die Hauptkapitel der Objektmodellierung, der objektorientierten Analyse und des Design hier besprochen werden, sollen allgemeine Dinge und Wissenswertes bezüglich des Begriffs Objektorientierung dargestellt werden. Am Anfang stehen die Entstehungsgeschichte und ein kurzer historischer Abriss. An die inhaltliche Beschreibung der Vorgehensmodelle schließen sich die Grundkonzepte der gesamten Philosophie an. Den Abschluss bilden die Grundzüge der UML, die derzeit ausschließlich als Modellierungssprache eingesetzt wird.

1.1 Entstehungsgeschichte der Objektorientierung

In den letzten 20 Jahren bereicherte und beeinflusste die moderne Philosophie der Objektorientierung in starkem Maße die Softwareentwicklung oder, noch allgemeiner betrachtet, die Systementwicklung, also den gesamten Prozess von der Idee bis zur Inbetriebnahme einer Software oder eines Systems.

Die im Folgenden aufgeführten Gründe und Ursachen machen deutlich, dass neue Überlegungen, Gedanken und Modelle notwendig waren, um die wachsenden Anforderungen an Softwaresysteme zu erfüllen.

Ende der 80er Jahre standen der Softwareentwickung nach anfänglichem, eher unstrukturiertem Vorgehen, viele Vorgehensmodelle bzw. Phasenmodelle zur Verfügung. Diese Modelle bildeten die damals übliche **konventionelle** oder **strukturierte** Vorgehensweise ab.

Die konventionelle oder strukturierte Vorgehensweise beinhaltet die im folgenden Schaubild dargestellten Modelle zu Prozessen, Funktionen, Daten, Zuständen und zur Workflowsteuerung (Benutzeroberfläche) und deren Zusammenhänge.

Modelle bei konventionellem (strukturiertem) Vorgehen

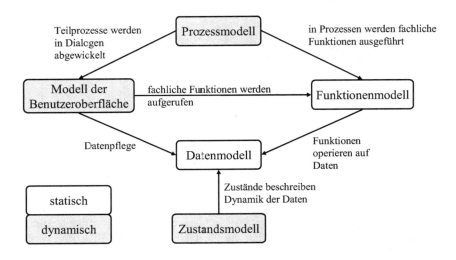

Abb. 1.1   *konventionelle oder strukturierte Vorgehensweise*

Das wohl am meisten in dieser Zeit verwendete Modell ist das Wasserfallmodell (siehe Heinrich [6]).

Wasserfall-Modell

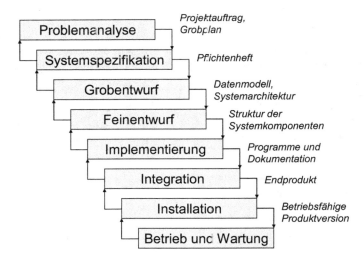

Abb. 1.2   *Wasserfallmodell*

Dieses Vorgehensmodell und auch seine Erweiterungen bzw. Verbesserungen (Spiralmodell, V-Modell, usw., siehe Heinrich [6]) erfüllten lange Zeit die Anforderungen der Praxis zur Erstellung von Softwaresystemen.

Die immer größer werdende Komplexität und insbesondere neue, noch nie da gewesene Problemstellungen zwangen zu einem Umdenken bzw. der Suche nach neuen Wegen.

Einige Beispiele für neue Problemstellungen waren:

1. Entwicklung von grafischen Benutzeroberflächen,
   Umstellung von alphanumerischen (grün-schwarzen und statischen) Oberflächen auf sogenannte GUIs,
   ereignisorientierte Benutzerschnittstellen

2. Entwicklung von verteilten Systemen, Client-Server-Systemen und Mehrschicht-Architekturen

3. zunehmende Bedeutung des Internets oder auch der kleineren Intranets innerhalb von Unternehmens- und Kommunikationsprozessen

4. technische und organisatorische Komplexität, viele unterschiedliche Beteiligte, modernes Projektmanagement

5. Forderung nach durchgängigen Organisations- und Entwicklungsmethoden bzw. Modellen.

Hinweise auf Veränderungsmöglichkeiten und Lösungswege lieferten die wichtigsten Kritikpunkte an der strukturierten Vorgehensweise und am Wasserfallmodell.

Kritikpunkte an der strukturierten Vorgehensweise:

- unflexibel bezüglich Änderungen, Wartung oder Erweiterungen

- Trennung von Daten und Funktionen häufig realitätsfremd

- zu wenig Abstraktionsmöglichkeiten

- Viele Modelle sind sehr unflexibel, schwierig zu lesen und zu ändern.

- Der Übergang von der Analyse zur Datenabstraktion und zur ER-Modellierung ist häufig mit einem Strukturbruch verbunden.

Kritikpunkte am Wasserfallmodell:

- unflexibel:

    o Einteilung in solche Phasen nicht immer möglich

    o bei sehr großen Systemen unübersichtlich

    o keine langfristige Weiterentwicklungsstrategie

- starr:

  - c   alle Wünsche der Auftraggeber müssen zu Beginn bekannt sein

  - c   kein Zugriff auf vergangene Phasen

  - o   schwierige Fehlersuche, da Teams schon aufgelöst

  - o   spätes Testen

  - o   Auslieferungszeitpunkt sehr spät

  - o   unflexibel in Bezug auf Änderungen, Nachbesserungen oft teuer

  - o   Anwender sieht erst das fertige Produkt

- veraltet:

  - o   Kommunikationsprobleme

  - o   kein evolutionärer Prozess

  - o   kein in sich geschlossener Kreislauf.

Eine **neue Vorgehensweise** zur Systementwicklung sollte deshalb möglichst viele der folgenden Eigenschaften aufweisen:

- ganzheitliche Herangehensweise um Strukturen, Abhängigkeiten und Zusammenhänge realitätsnah zu betrachten und zu modellieren

- flexible Abstraktionsmöglichkeiten, Beherrschung der Komplexität

- evolutionärer Prozess

- iterativ-inkrementelle Vorgehensweise

- durchgängige Konzepte

- durchgängige Modellierung

- verständliche Kommunikationsmöglichkeiten und Modelle für alle Projektbeteiligten in allen Phasen

- Verbesserung der Möglichkeiten zu Änderungen, Wartung oder Erweiterungen

- Verbesserung der Möglichkeiten zur Wiederverwendung der Ergebnisse.

Viele dieser Anforderungen sind in der **objektorientierten** Vorgehensweise zu finden. Genauer wird dies in Abschnitt 1.4 gezeigt. Insbesondere wird dort dargestellt, durch welche Konzepte diese Eigenschaften erreicht werden.

Der wichtigste Grundgedanke der Objektorientierung ist die Zusammenfassung des Daten- und Funktionenmodells der strukturierten Vorgehensweise zu einem Modell, dem Klassenmodell.

Modelle bei objektorientiertem Vorgehen

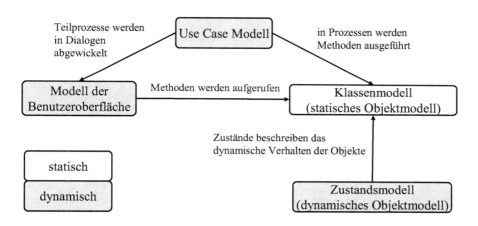

Abb. 1.3 *objektorientierte Vorgehensweise*

Zwei Diagramme, die auch ohne umfangreiche IT-Kenntnisse zu verstehen sind, veranschaulichen die Kommunikation unter den Projektbeteiligten.

Im ersten Diagramm werden die Bestandteile und die Zusammenhänge innerhalb einer Firma zusammengestellt:

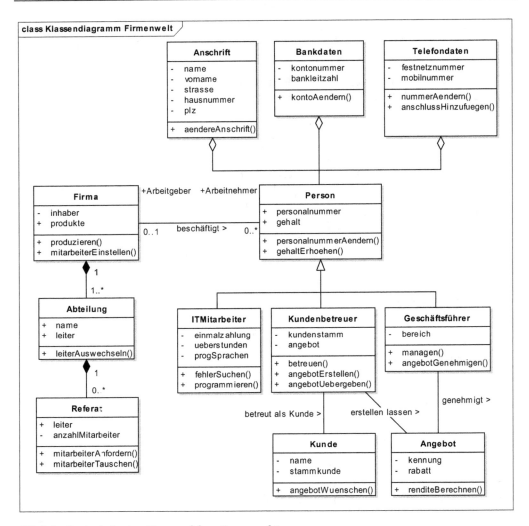

Abb. 1.4   *Bestandteile einer Firma und deren Zusammenhänge*

Dem zweiten Diagramm können die Zustände eines EDV-Mitarbeiters samt den Übergängen innerhalb eines Arbeitstags entnommen werden. Die Darstellung ist so gewählt, dass das Diagramm sofort verstanden werden kann und entspricht nicht in allen Punkten einer üblichen Modellierung von Zuständen.

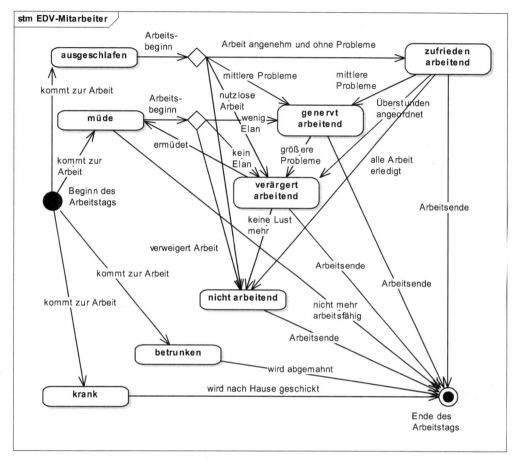

Abb. 1.5 *Zustände eines EDV-Mitarbeiters*

1.2 Historie der Objektorientierung

Die ersten objektorientierten Programmiersprachen wurden um das Jahr 1970 vorgestellt. Die erste anerkannte Sprache war Smalltalk. Durchgesetzt haben sich bis heute eigentlich nur die beiden Sprachen JAVA und C++. Objektorientierte Vorgehensweisen wurden erst deutlich später, ab 1991, vorgeschlagen.

Die beiden folgenden Schaubilder (entnommen aus Oestereich [10]) zeigen die zeitliche Entwicklung der wichtigsten Programmiersprachen und der bedeutendsten Vorgehensweisen.

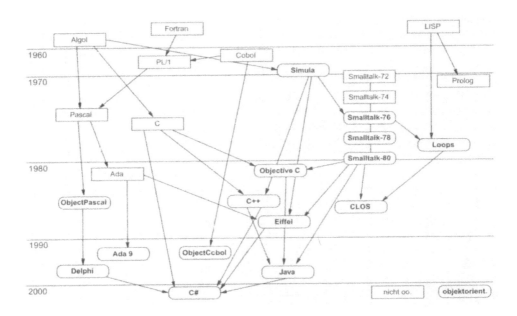

Abb. 1.6   *historische Entwicklung der Programmiersprachen*

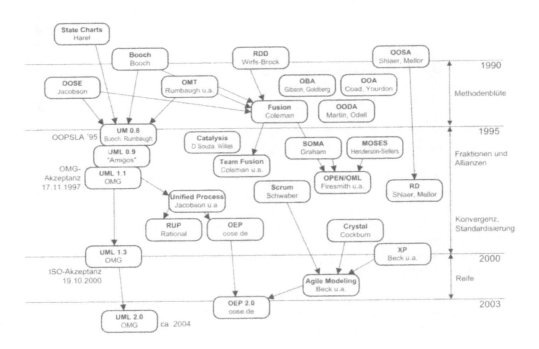

Abb. 1.7   *objektorientierte Vorgehensweisen und Modellierungssprachen*

1.3 Objektorientierte Vorgehensmodelle

In diesem Abschnitt soll ein kurzer Überblick über objektorientierte Vorgehensmodelle gegeben werden.

Initiatoren auf diesem Gebiet waren in den 90er Jahren Grady Booch, James Rumbaugh und Ivar Jacobsen. Nahezu unabhängig voneinander stellten sie ihre Modelle vor. Rumbaugh nannte seine Vorgehensweise Object Modeling Technique (Einzelheiten sind in Rumbaugh [13] zu finden). Booch bezeichnete sein Vorgehen mit Object-Oriented Analysis and Design (Einzelheiten sind in Booch [2] zu finden). Letztendlich nannte Jacobsen seine Methode Object-Oriented Software-Engineering (Einzelheiten sind in Jacobsen [8] zu finden).

Nach etwa 10 Jahren führten sie ihre Ideen und Ergebnisse zusammen und stellten den Unified Process vor, eine objektorientierte Vorgehensweise, die Grundlage für die heutigen, modernen Vorgehensmodelle ist. Einzelheiten dazu und auch zu daraus abgeleiteten Prozessen findet der interessierte Leser in Heinrich [6] und Oesterreich [10] und [11].

In allen objektorientierten Vorgehensmodellen sind zwei grundlegende Techniken integriert. Dies sind zum einen die **iterativ inkrementelle** Vorgehensweise und das **Prototyping.**

Bei der **iterativ inkrementellen** Vorgehensweise erfolgt die Entwicklung in Iterationen, die das System schrittweise erweitern. Häufig wird zuerst ein ganz schmales System mit wenigen Funktionen erstellt, damit sich der Auftraggeber ein Bild über die Handhabung verschaffen kann. Nach dem Einbringen von Änderungswünschen wird nach und nach zusätzliche Funktionalität integriert. Die damit verbundenen Vorteile decken sich größtenteils mit den Eigenschaften, die für neue Vorgehensweisen zuvor gefordert wurden.

Das **Prototyping** ist ein Verfahren, das Bestandteil vieler Modelle ist. Es handelt sich um das Erstellen eines groben Beispielsystems, das meist nur die zu testende oder zu präsentierende Funktionalität enthält und auf jegliche Dokumentation verzichtet. Das Ziel ist es, aus der Arbeit des Benutzers Erkenntnisse zu gewinnen, die in die endgültige Anforderungsbeschreibung integriert werden oder neu zu definierende Sachverhalte beschreiben.

Prototypen werden unterschieden in schnelle Prototypen (Throw-Away-Prototyping) und evolutionäre Prototypen.

Einzelheiten zu diesen beiden Techniken findet der Leser in Heinrich [6].

1.4 Grundkonzepte der Objektorientierung

Die am Ende von Abschnitt 1.1 angegebenen Eigenschaften sind nahezu vollständig in den Grundkonzepten der Objektorientierung zu finden. Sie werden im Folgenden beschrieben.

Ganzheitliche Herangehensweise, durchgängige Methoden

Dies wird erreicht durch ganzheitliche Arbeitsgegenstände (Klassen und Objekte), verständliche und nachvollziehbare Abstraktionsmöglichkeiten und eine methodische Durchgängigkeit.

Klassen und Objekte

Klassen stellen einen Sammelbegriff für eine Menge von gleichartigen Dingen mit ähnlichem Verhalten dar. Sie sind abstrakte Schablonen für Dinge mit gemeinsamen Eigenschaften, Bedingungen, Einschränkungen und Verhaltensformen. Klassen verbinden stets Eigenschaften und Verhalten. Objekte entstehen aus Klassen als Laufzeitelemente, wenn die Eigenschaften mit tatsächlichen Werten versehen werden.

Kapselung (Attribute und Methoden)

Die Daten (Attribute) und die Funktionen (Methoden) einer Klasse gehören untrennbar zusammen. Die Attribute eines Objekts sind nur indirekt über von der Klasse zur Verfügung gestellte Methoden zugänglich. Diese Kapselung nennt man auch Geheimnisprinzip.

Kohärenzprinzip

Jede Klasse sollte nur für einen vernünftig ausgewählten Teil oder Sachverhalt des gesamten Systems verantwortlich sein. Dadurch erfolgt eine Unterteilung in überschaubare und handhabbare Einheiten.

Abstraktion: Generalisierung und Spezialisierung

Dieses Prinzip wird Vererbung genannt. Es beruht auf der Abstraktion „ …ist ein… ". Alle Elemente (Attribute und Methoden) einer Superklasse werden vollständig in eine Subklasse übernommen. Zusätzlich besitzt die Subklasse aber noch weitere Attribute und Methoden, also noch zusätzliche Eigenschaften.

Abstraktion: Assoziation

Eine Assoziation ist eine durch eine Beschreibung mittels Namen und den dazugehörigen Rollen beschriebene Beziehung.

Abstraktion: Aggregation

Bei der Aggregation handelt es sich um die Abstraktionsebene der Teile/Ganzes-Beziehung. Die Aggregation beschreibt also, wie sich ein Ganzes aus seinen Teilen zusammensetzt. Im alltäglichen Sprachgebrauch ist diese Konstruktion nichts anderes als eine Beziehung der Art „ … hat ein …".

Nachrichtenaustausch über Botschaften

Die Kommunikation der Objekte geschieht einzig und allein durch Nachrichten, die sie sich gegenseitig zuschicken. Hier ist das bekannte Client-Server Prinzip implementiert.

Polymorphie

Polymorphie bedeutet, dass in einer Vererbungshierarchie verschiedene Klassen dieselbe Botschaft verstehen (also die gleichnamige Methode implementieren), obwohl die technische Umsetzung der Reaktion (also der innere Aufbau der Methode) auf diese Botschaft völlig unterschiedlich sein kann.

Entwurfsmuster

Entwurfsmuster stellen in der Praxis bewährte Lösungsideen zu wiederkehrenden Problemen zur Verfügung. Sie werden sprechend bezeichnet: Adapter, Brücke, Fassade, Singleton, Beobachter und ähnlich.

Komponenten, Pakete, Modularisierung

Sie fassen Klassen und Schnittstellen zu funktional größeren Einheiten zusammen.

1.5   UML

Die UML (Unified Modeling Language) ist die heutzutage am weitesten verbreitete Notation, mit der Systeme (meist Softwaresysteme) analysiert und designt werden. Sie ist keine Methode, sondern stellt lediglich eine Notation und Semantik zur Visualisierung, Konstruktion und Dokumentation von Modellen für die Geschäftsprozessmodellierung und für die objektorientierte Softwareentwicklung zur Verfügung.

Insgesamt werden 13 unterschiedliche Diagramme angeboten. Sie werden unterteilt in Strukturdiagramme, Verhaltensdiagramme und Interaktionsdiagramme. Das folgende Schaubild zeigt alle möglichen Diagrammtypen.

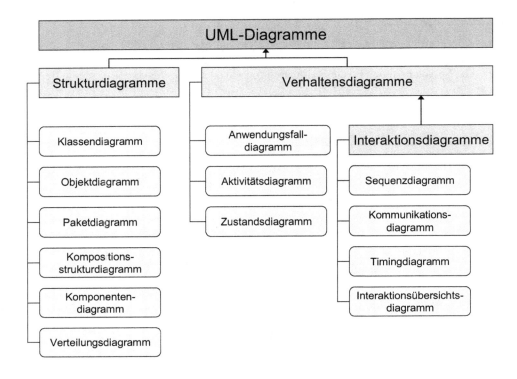

Abb. 1.8   *Übersicht über UML-Diagramme*

Die folgende Tabelle fasst die Eigenschaften und Einsatzgebiete der Diagrammarten zusammen.

Diagrammart	Eigenschaften und Einsatzgebiete
Klassendiagramm	Darstellung der beteiligten Klassen und deren Beziehungen
	Beschreibung der statischen Elemente und Strukturen
	Darstellung aller Zusammenhänge und Datentypen
	Voraussetzung für die dynamischen Diagrammarten
Objektdiagramm	Darstellung der Objekte des Klassendiagramms zu einem bestimmten Zeitpunkt während der Ausführung
	Angabe der Attributbelegungen

Paketdiagramm	Zerlegung der gesamten Modelle in überschaubare Einheiten
	Logische Zusammenfassung von Elementen
	Darstellung von Abhängigkeitsstrukturen
Kompositionsstrukturdiagramm	Darstellung der internen (inneren) Struktur einer Klasse oder Komponente
	Eignung zur Top-Down-Modellierung
	Modellierung der Teile eines Ganzen
Komponentendiagramm	Darstellung der Organisation und der Abhängigkeit von Komponenten
	Modellierung der beteiligten Schnittstellen
	Zusammenfassung der beteiligten Klassen zu wieder-verwendbaren und verwaltbaren Einheiten
Verteilungsdiagramm	Darstellung der vorhandenen Hard- und Software ein-schließlich der Datenbanken
	Darstellung der Verteilung der Komponenten zur Lauf-zeit
	Darstellung der Verbindung der einzelnen Hard- und Softwarekomponenten
Anwendungsfalldiagramm	Darstellung der Akteure, Anwendungsfälle (Geschäfts-prozesse) und deren Abhängigkeiten
	Darstellung des Systems und der Beziehungen zu seiner Umwelt
Aktivitätsdiagramm	Darstellung von Abläufen, Prozessen oder Algorithmen
	Beschreibung von Abläufen mittels Elementen aus der strukturierten Modellierung wie Bedingungen, Schlei-fen und Verzweigungen
Zustandsdiagramm	Darstellung der Zustände von verschiedenen Modell-elementen wie Objekten, Schnittstellen, Anwendungs-fällen und Komponenten
	Darstellung der verschiedenen Anfangs- und Endzu-stände, der Ereignisse für Zustandsübergänge, der Be-dingungen dafür und eventuelle Ein- und Austrittsakti-onen
	Verschachtelungen sind möglich
	Beschreibung von endlichen Automaten

Sequenzdiagramm	Darstellung des zeitlichen Informationsaustauschs zwischen einer Menge von Beteiligten (meist von Objekten oder Akteuren)
	Verschachtelung und Steuerung mittels Bedingungen, Schleifen und Verzweigungen sind möglich
Kommunikationsdiagramm	Darstellung des räumlichen bzw. abhängigkeitsbezogenen Informationsaustauschs zwischen einer Menge von Beteiligten (meist von Objekten oder Akteuren)
	Darstellung der Beziehungen zwischen den beteiligten Objekten (zeitliche Reihenfolge nicht wesentlich)
	Darstellung von „Wer macht was mit wem?"
	Verschachtelung und Steuerung mittels Bedingungen, Schleifen und Verzweigungen sind möglich
Timingdiagramm	Darstellung der zeitlichen Bedingungen für Zustandswechsel von Objekten
	Darstellung des zeitlichen Verhaltens von Modellelementen wie Klassen, Schnittstellen oder Komponenten
Interaktionsübersichtsdiagramm	Darstellung des zeitlichen Ablaufs von Interaktionen
	Verbindung der Interaktionsdiagramme, meist innerhalb eines Aktivitätsdiagramms
	Strukturierung der Interaktionsdiagramme

Die wichtigsten der hier beschriebenen Diagrammarten werden in den nächsten drei Kapiteln ausführlich vorgestellt. Einzelheiten zu den dort nicht beschriebenen Diagrammen findet der interessierte Leser in Jeckle [9].

1.6   Aufgaben

Aufgabe 1

Was versteht man unter Kapselung und was sind die Vorzüge dieses Grundprinzips der objektorientierten Denkweise?

Aufgabe 2

Geben Sie die Grundprinzipien der Objektorientierung an und erklären Sie diese.

2 Objektmodellierung

2.1 Einführung

Um zum zentralen Begriff des Objekts und dessen Modellierung zu kommen, genügt es zu untersuchen, wie die Realität aussieht bzw. wie sie vereinfacht abgebildet werden kann. Ergebnisse dieser Überlegungen werden die beiden eng miteinander verknüpften Begriffe Objekt und Klasse sein.

Im folgenden Beispiel wird eine kleine Zusammenstellung von Informationen betrachtet.

Beispiel 2.1

Felicitas ist ein Mädchen von 15 Jahren, besucht das Deutenberg-Gymnasium in Schwenningen, treibt viel Sport und hat als Haustier einen braunen Hasen, der Olli heißt, manchmal beißt, gerne Lofties frisst und derzeit sehr krank ist.

Analysiert man die Aussagen genauer, so stellt man fest:

1. Felicitas ist ein Mädchen von 15 Jahren und besucht das Deutenberg-Gymnasium in Schwenningen.
2. Felicitas treibt viel Sport.
3. Olli ist ein brauner Hase, der manchmal beißt und gerne Lofties frisst.
4. Olli ist das Haustier von Felicitas und derzeit sehr krank.

Stellt man diese Aussagen bildlich dar, findet man sehr schnell den Zugang zum objektorientierten Denken. Im ersten Schaubild wird die Realität dargestellt, im zweiten Schaubild ein durch Abstraktion erzeugtes Modell.

Abb. 2.1 *Darstellung der Realität*

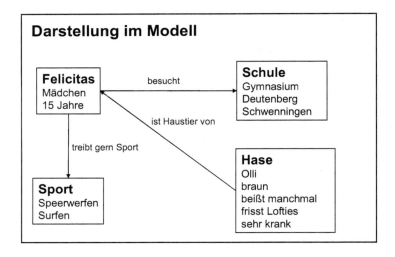

Abb. 2.2 *Darstellung in einem Modell*

2.2   Strukturmodellierung

Zur Modellierung der statischen Struktur eines Systems dienen die Strukturdiagramme. Sie geben Auskunft über den inneren Aufbau des Systems und die Detailstruktur der Daten und des Verhaltens. Die beiden wichtigsten Diagrammtypen, das Klassendiagramm und das Objektdiagramm, werden in diesem Abschnitt ausführlich besprochen. Beide sind die zentralen Elemente der gesamten Objektmodellierung.

Im Klassendiagramm werden alle beteiligten Klassen und deren Beziehungen abgebildet. Außerdem werden die statischen Elemente und Strukturen beschrieben und alle Zusammenhänge und Datentypen dargestellt. Klassendiagramme stellen die Voraussetzung für die dynamischen Diagrammarten, also die Verhaltensmodellierung, dar.

Im Objektdiagramm erfolgt die Darstellung der Objekte des Klassendiagramms zu einem bestimmten Zeitpunkt während der Ausführung einschließlich der Angabe der Attributbelegungen. Objekte sind die Laufzeitelemente der Klassen.

Die anderen vier Strukturdiagrammtypen, das Paketdiagramm, das Kompositionsstrukturdiagramm, das Komponentendiagramm und das Verteilungsdiagramm spielen im Folgenden nur eine sehr untergeordnete Rolle. Der interessierte Leser findet ausführliche Darstellungen in Jeckle [9] und Oestereich [10].

2.2.1   Klassendiagramme

Wie schon oben beschrieben, ist das Konstrukt Klasse/Objekt der zentrale Begriff der Objektmodellierung. Aus diesem Grund spielen die Klassendiagramme eine sehr wichtige Rolle. Alle Bestandteile der Klassendiagramme samt deren UML-Notation und einige ausführliche Beispiele werden in den folgenden Abschnitten 2.2.2 bis 2.2.10 beschrieben.

Jeder Bestandteil wird inhaltlich erklärt und die UML-Notation angegeben. Kleine Beispiele dienen dem Verständnis und der praktischen Anwendung. Sie werden dann in Abschnitt 2.2.10 zu einem vollständigen Klassendiagramm Firmenwelt zusammengesetzt.

2.2.2   Klassen

Klassen stellen den Sammelbegriff für eine Menge von gleichartigen Dingen mit ähnlichem Verhalten dar. Es sind abstrakte Schablonen für Dinge mit gemeinsamen Eigenschaften, Bedingungen, Einschränkungen und Verhaltensformen. Im Sinne der Objektorientierung verbinden Klassen stets Eigenschaften und Verhalten. Diese Verbindung wird dadurch realisiert, dass die Bestandteile einer Klasse sowohl Attribute (Eigenschaften) als auch Methoden (Funktionen, Operationen, Verhaltensformen) sind und immer zusammengehören, folglich nie voneinander getrennt betrachtet werden. Klassen stellen immer Kapseln dar.

Die UML-Notation einer Klasse ist im folgenden Schaubild angegeben. Klassen werden immer als dreigeteilte Rechtecke angegeben, deren Bestandteile der Klassenname, eine Liste über alle Attribute und eine Liste über alle Methoden sind.

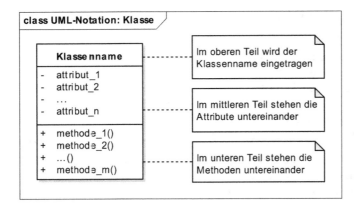

Abb. 2.3   *UML-Notation Klasse*

Als Beispiel für eine Klasse soll die Beschreibung eines Mitarbeiters innerhalb einer Firma dienen. Für die Personalabteilung sollen vorläufig nur die Personalnummer und das Gehalt eine Rolle spielen. Die beiden einzigen Aktionen sollen die Möglichkeit der Änderung der Personalnummer und die Erhöhung des Gehalts sein. Dann ergibt sich folgendes UML-Diagramm:

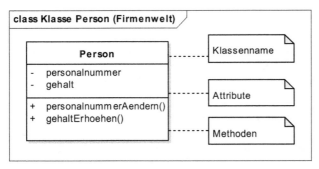

Abb. 2.4   *Klasse Person (Firmenwelt)*

Die Kapselung der einzelnen Attribute wird erreicht, indem Zugriffe auf diese ausschließlich durch set- und get-Methoden zulässig sind. In den frühen Modellierungsphasen werden diese Methoden häufig weggelassen und erst später integriert.

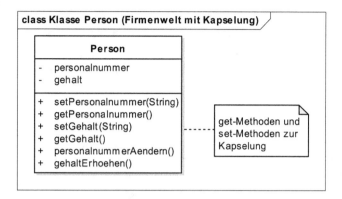

Abb. 2.5 *Klasse Person (Firmenwelt) mit Kapselung*

Die Klasse Person kann in anderen Anwendungsgebieten natürlich ganz anders aussehen. Die folgenden zwei Diagramme zeigen die Varianten Person als Sportler und Person als Schüler.

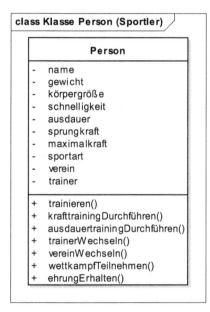

Abb. 2.6 *Klasse Person (Sportler und Schüler)*

Eine Besonderheit stellen **abstrakte Klassen** dar. Diese Klassen haben häufig den Zweck, die Struktur zu verbessern oder auch Verbindungen zu schaffen. Sie sind meist unvollständig. Objekte können aus abstrakten Klassen nicht gebildet werden. Beispiele dazu anzugeben macht allerdings erst einen Sinn, wenn es Beziehungen zwischen verschiedenen Klassen gibt. Weitere Einzelheiten zu abstrakten Klassen und einige Beispiele erfolgen im Abschnitt 2.2.5. Bei der UML-Darstellung von abstrakten Klassen wird der Klassenname kursiv geschrieben.

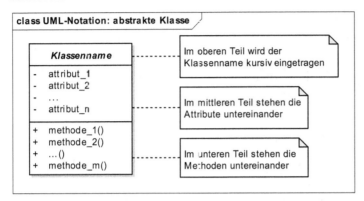

Abb. 2.7 *UML-Notation abstrakte Klasse*

2.2.3   Attribute

Die Eigenschaften innerhalb einer Klasse oder besser gesagt die Eigenschaften der aus einer Klasse abgeleiteten Objekte werden durch die Attribute beschrieben. Sie stellen also Datenelemente dar. Alle Attribute bestimmen ein Datengerüst. Außerhalb der Klassen bzw. der Objekte haben Attribute keine eigene Identität, sie sind strikt an die Objekte gebunden.

In den oben angegebenen Klassendiagrammen sind die Attribute nur durch ihren eindeutigen Namen beschrieben. Dies ist in frühen Phasen der Modellierung üblich. Die Attribute können aber bei Bedarf noch weiter spezifiziert werden. Die vollständige Attributsdeklaration lautet:

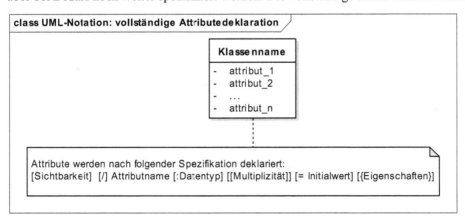

Abb. 2.8 *UML-Notation vollständige Attributedeklaration*

Die einzelnen Syntaxteile dabei sind:

Sichtbarkeit	public (+): uneingeschränkter Zugriff für alle Klassen private (-): nur die Klasse selbst hat Zugriff protected (#): nur die Klasse und alle abgeleiteten Klassen haben Zugriff package (~): nur Klassen aus demselben Paket haben Zugriff
/	abgeleitetes Attribut, Berechnung der Daten erst zur Laufzeit
Attributname	Name des Attributs, kleingeschrieben, beliebige Zeichenkette, sprechend im Sinne der Objektorientierung
Datentyp	alle möglichen Datentypen und auch solche neu definierter Klassen, eventuelle Schlüsselworte sind zu beachten
Multiplizität	Angabe der Anzahl der möglichen Instanzen: [1]: genau ein Wert (wird dann aber weggelassen) [0..1]: kein Wert oder ein Wert [0..*]: beliebig viele Werte, kein Wert möglich [1..*]: beliebig viele Werte, mindestens ein Wert [n..m]: zwischen n und m Werten
Initialwert	Dieser Wert wird beim Erzeugen eines Objektes defaultmäßig gesetzt.
Eigenschaften	Hier werden spezielle Eigenschaften beschrieben. Zulässig sind auch die Schlüsselworte ordered, unique, readOnly, union, subsets und redefines.

Im folgenden Beispiel wird wiederum die Klasse Person betrachtet. Sie wurde um Attribute ergänzt und diese vollständig deklariert.

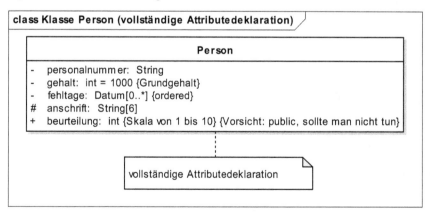

Abb. 2.9 *Klasse Person vollständige Attributedeklaration*

2.2.4   Methoden

Das Verhalten der einzelnen Objekte wird durch die Methoden beschrieben. Interaktionen mit einer Klasse können ausschließlich durch die Gesamtheit aller Methoden erreicht werden. Eine Änderung des Zustands der Objekte kann ebenfalls nur durch das Ausführen von Methoden ermöglicht werden.

In den oben angegebenen Klassendiagrammen sind die Methoden nur durch ihren eindeutigen Namen beschrieben. Dies ist in frühen Phasen der Modellierung üblich. Die Methoden können aber bei Bedarf noch weiter spezifiziert werden. Die vollständige Methodendeklaration lautet:

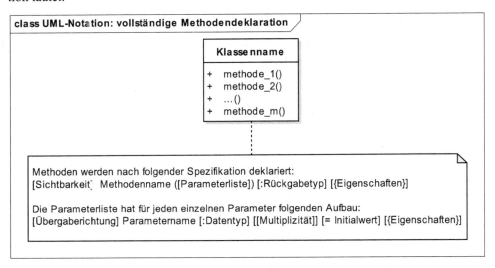

Abb. 2.10   *UML-Notation   vollständige Methodendeklaration*

Die einzelnen Syntaxteile dabei sind:

Sichtbarkeit	public (+):	uneingeschränkter Zugriff für alle Klassen
	private (-):	nur die Klasse selbst hat Zugriff
	protected (#):	nur die Klasse und alle abgeleiteten Klassen haben Zugriff
	package (~):	nur Klassen aus demselben Paket haben Zugriff
		Zugriff bedeutet hier die Erlaubnis der Ausführung der Methode
Methodenname	Name der Methode, kleingeschrieben, beliebige Zeichenkette, sprechend im Sinne der Objektorientierung, meist Verben	
Parameterliste	Auflistung der Parameter, die beim Aufruf übergeben werden, durch Kommata getrennt	

	Parameterlisten haben folgende Bestandteile:
	Übergaberichtung: in / out / inout je nachdem, ob die Methode den Parameter nur liest, nur schreibt oder liest, verarbeitet und dann neu schreibt.
	Parametername: Name des Parameters, kleingeschrieben, beliebige Zeichenkette, sprechend im Sinne der Objektorientierung
	Datentyp: alle möglichen Datentypen und auch solche neu definierter Klassen, eventuelle Schlüsselworte sind zu beachten
	Multiplizität: Anzahl der Werte, aus denen der gesamte Parameter besteht
	Initialwert: Wert, der bei Fehlen des Parameters bei der Übergabe gesetzt wird
	Eigenschaften: Hier werden spezielle Eigenschaften beschrieben. Zulässig sind auch die Schlüsselworte ordered, unique, readOnly, union, subsets und redefines.
Rückgabewert	Dieser Wert wird nach der Ausführung der Methode zurückgeliefert.
Eigenschaften	Hier werden spezielle Eigenschaften beschrieben. Zulässig sind auch die Schlüsselworte ordered, unique, query und redefines.

Im folgenden Beispiel werden die Methoden vollständig deklariert. Die Parameternamen sind, wie in frühen Phasen meist üblich, noch nicht angegeben, sondern nur deren Datentyp.

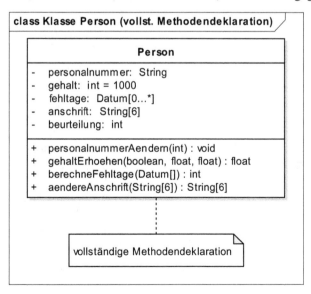

Abb. 2.11 *Klasse Person vollständige Methodendeklaration*

Nach der Definition der Klassen und ihren Bestandteilen (Attribute und Methoden) werden in den nächsten drei Abschnitten Beziehungen zwischen verschiedenen Klassen erklärt.

2.2.5   Vererbung

Die Vererbung stellt die erste Art der Verbindung zweier Klassen im Klassendiagramm dar. Es handelt sich dabei um die Abstraktionsebene der Generalisierung bzw. der Spezialisierung. Die Klassen stehen so in Verbindung, dass alle Elemente einer Superklasse vollständig in eine Subklasse übernommen werden. Zusätzlich besitzt die Subklasse aber noch weitere Attribute und Methoden. Anders gesagt erbt die Subklasse alle Attribute und Methoden der Superklasse und stellt zusätzliche Attribute und Methoden zur Verfügung. Im alltäglichen Sprachgebrauch ist diese Konstruktion nichts anderes als eine Beziehung der Art „ … ist ein …“.

Die UML-Notation einer Vererbung ist im folgenden Schaubild angegeben. Die Klassen werden durch einen Pfeil mit einer nicht ausgefüllten Rechteckspitze verbunden, wobei die Spitze zur Superklasse zeigt.

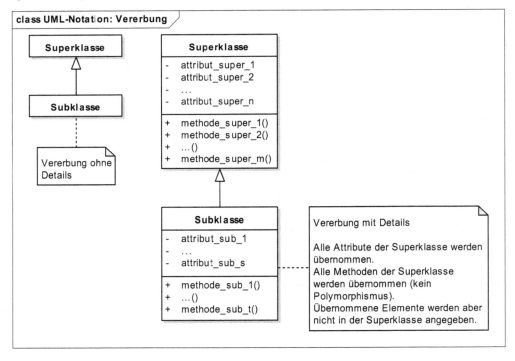

Abb. 2.12 *UML-Notation Vererbung*

Bei der Vererbung ist einer der Grundgedanken der Objektorientierung verankert, der **Polymorphismus**. Grundsätzlich können alle Methoden der Superklasse unverändert in die Subklasse übernommen werden. Es besteht jedoch die Möglichkeit, Methoden in der Subklasse zu überschreiben, d.h. die Implementierung zu verändern. Die Methode heißt also immer noch gleich und erfüllt die gleiche Aufgabenstellung, nur wie sie dies ausführt, darf durchaus anders sein. Im UML-Diagramm wird dies dadurch gekennzeichnet, dass Methoden, die überschrieben werden, zusätzlich in die Subklassen aufgenommen werden.

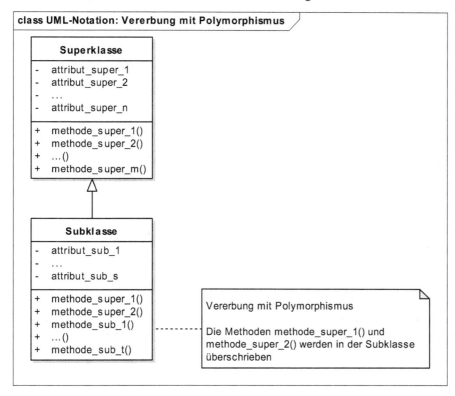

Abb. 2.13   *UML-Notation Vererbung mit Polymorphismus*

Als Beispiel für eine Vererbung wird die Klasse Person spezialisiert. In der Firmenwelt gibt es IT-Mitarbeiter, die Einmalzahlungen bekommen, Überstunden leisten und Programmiersprachen beherrschen. Als Aktionen können sie Fehler suchen und programmieren. Des Weiteren gibt es Kundenbetreuer, die über einen Kundenstamm verfügen, diese Kunden betreuen, Angebote erstellen und diese dem Kunden übergeben. Schließlich sind die Geschäftsführer für diverse Bereiche zuständig, managen und genehmigen Angebote. Diese Superklassen sind im folgenden UML-Diagramm zu sehen.

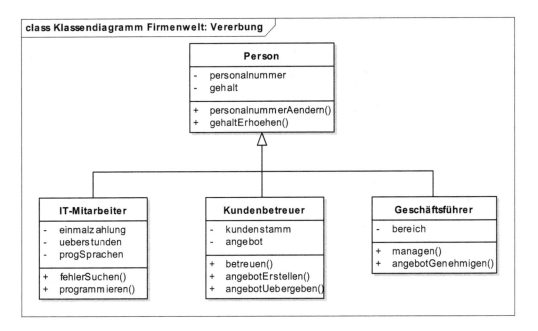

Abb. 2.14   *Klassendiagramm Firmenwelt Vererbung*

Bei der Vererbung kann es vorkommen, dass eine Subklasse mehr als eine Superklasse besitzt. Man spricht dann von Mehrfachvererbung. Dieses Konstrukt ist in der Praxis mit Vorsicht zu genießen, da es sehr schnell zu Konfliktsituationen führen kann. Das folgende Beispiel zeigt eine Mehrfachvererbung für den Berufsstand des Wirtschaftsinfomatikers.

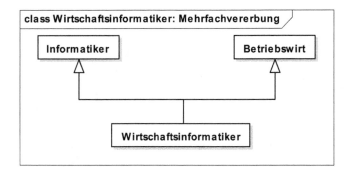

Abb. 2.15   *Klassendiagramm Wirtschaftsinformatiker Mehrfachvererbung*

2.2.6 Assoziation

Die Assoziation ist eine weitere Möglichkeit Klassen zu verbinden. Im Normalfall wird durch Assoziationen eine Rollenbeziehung dargestellt. Es gibt unterschiedliche Arten der Assoziation.

Diese unterschiedlichen Arten sowie alle UML-Notationen sind im folgenden Schaubild angegeben:

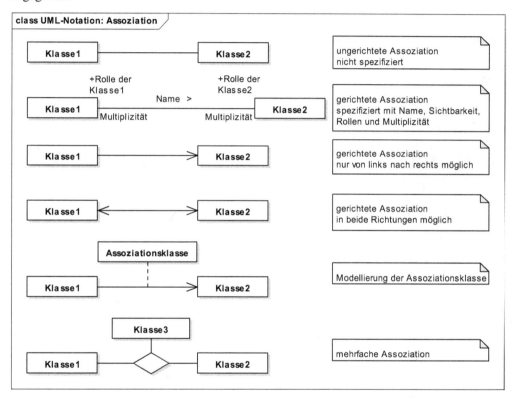

Abb. 2.16 *UML-Notation Assoziation*

In den beiden folgenden Diagrammen ist in der Firmenwelt eine Assoziation zwischen den Klassen Person und Firma dargestellt. Die Firma soll einen Inhaber besitzen und Produkte herstellen. Außerdem kann sie Mitarbeiter einstellen. Im ersten Schaubild ist dies noch unspezifiziert, im zweiten Schaubild werden der Name, die Rollen und die Multiplizitäten der Assoziation angegeben.

Im dritten der folgenden Schaubilder ist eine Assoziationklasse Beschäftigungsverhältnis mit zusätzlichen Attributen und Methoden modelliert.

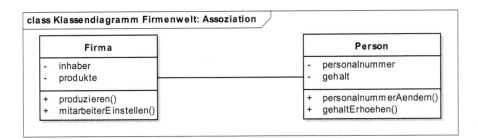

Abb. 2.17 *Klassendiagramm Firmenwelt Assoziation*

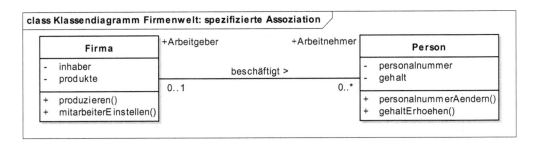

Abb. 2.18 *Klassendiagramm Firmenwelt spezifizierte Assoziation*

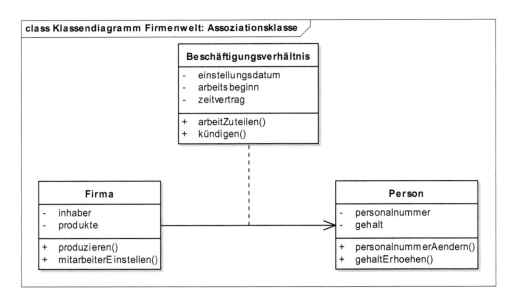

Abb. 2.19 *Klassendiagramm Firmenwelt Assoziationklasse*

2.2.7   Aggregation und Komposition

Die Aggregation mit dem Spezialfall der Komposition ist die dritte Art der Verbindung zweier Klassen im Klassendiagramm. Es handelt sich dabei um die Abstraktionsebene der Teile/Ganzes-Beziehung. Die Aggregation beschreibt also, wie sich ein Ganzes aus seinen Teilen zusammensetzt. Im alltäglichen Sprachgebrauch ist diese Konstruktion nichts anderes als eine Beziehung der Art „ … hat ein …".

Der Spezialfall der Komposition stellt eine Beziehung dar, bei der die Teile existenzabhängig vom Ganzen sind. Anders gesagt bedeutet dies, dass die Teile allein nicht „lebensfähig" sind, also gelöscht werden, wenn das Ganze gelöscht wird.

Die UML-Notation einer Aggregation ist im folgenden Schaubild angegeben. Die Klassen werden durch einen Pfeil mit einer nicht ausgefüllten Rautenspitze verbunden, wobei die Raute an der Ganzesklasse angebracht ist. Bei der Komposition ist die Raute ausgefüllt.

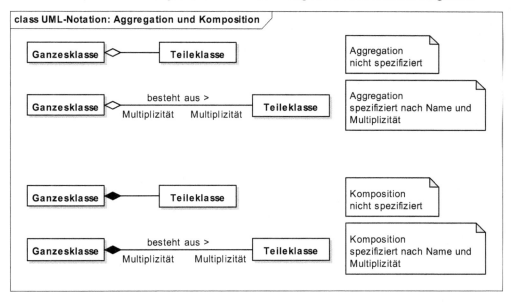

Abb. 2.20   *UML-Notation Aggregation und Komposition*

Im ersten der folgenden zwei Diagramme ist eine Aggregation dargestellt. Zur Klasse Person werden die Klassen Anschrift, Bankdaten und Telefondaten mit den angegebenen Attributen und Methoden hinzugefügt. Scheidet die Person aus der Firmenwelt aus, so bleiben die persönlichen Daten erhalten und werden nicht gelöscht.

Im zweiten Diagramm ist eine Komposition abgebildet. Eine Firma besteht aus Abteilungen, diese bestehen wiederum aus Referaten. Wird die Firma aufgelöst, so machen die Abteilungen und Referate keinen Sinn mehr und werden mit gelöscht.

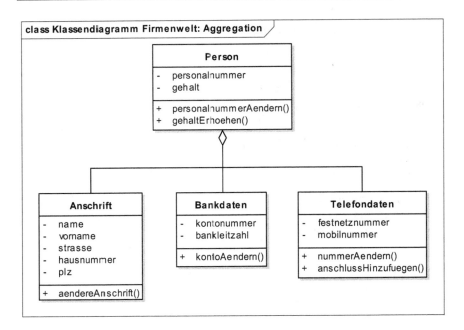

Abb. 2.21   *Klassendiagramm Firmenwelt Aggregation*

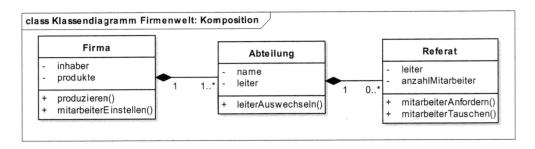

Abb. 2.22   *Klassendiagramm Firmenwelt Komposition*

2.2.8   Abhängige Klassen

Neben den oben beschriebenen Beziehungen gibt es andere Arten der Zusammenarbeit von Klassen, die allgemein als Abhängigkeit beschrieben werden. Es gibt eine große Ansammlung vorgeschlagener Klassifikationen der Abhängigkeiten. Einige der am häufigsten verwendeten Abhängigkeitsbeziehungen sind im folgenden Schaubild zusammengestellt.

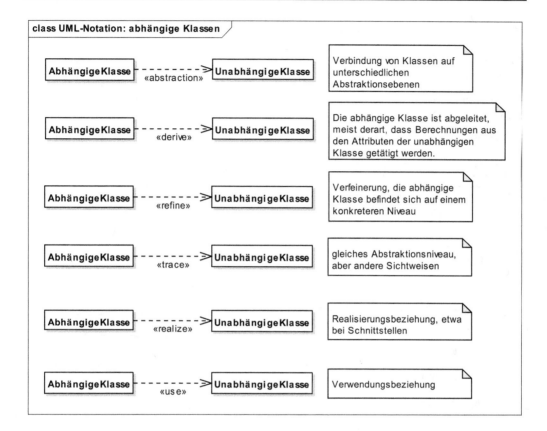

Abb. 2.23 *UML-Notation abhängige Klassen*

Das folgende Diagramm zeigt zwei Abhängigkeiten der Klassen Person und Anschrift.

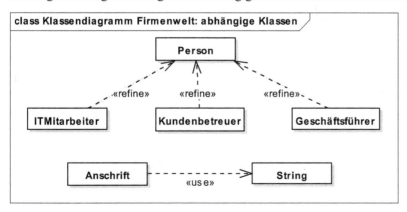

Abb. 2.24 *Klassendiagramm Firmenwelt abhängige Klassen*

2.2.9   Spezielle Klassen

In diesem Abschnitt werden einige spezielle Klassen kurz beschrieben, die in der Praxis häufig anzutreffen sind.

Schnittstellen (interfaces) sind Klassen, die eine Menge von öffentlichen Methoden bereitstellen, die Klassen, welche die Schnittstelle nutzen wollen, implementieren müssen.

Die Darstellung einer Schnittstelle zeigt das folgende Schaubild.

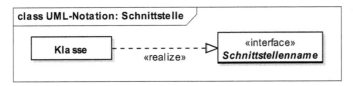

Abb. 2.25   *UML-Notation Schnittstelle*

Für Klassen mit speziellen Verwendungszwecken haben sich so genannte Entwurfsmuster oder Entwurfsvorlagen eingebürgert. Die Wichtigsten sind im Folgenden angegeben.

Entitätsklassen beschreiben einfache fachliche Sachverhalte und haben meist sehr viele Attribute und wenige komplexe Methoden.

Die Darstellung einer Entitätsklasse zeigt das folgende Schaubild.

Abb. 2.26   *UML-Notation Entität*

Steuerungsklassen werden zur Ablaufsteuerung oder für algorithmische Berechnungen eingesetzt. Sie besitzen meist wenig Attribute und durchaus komplexe Methoden.

Die Darstellung einer Steuerungsklasse zeigt das folgende Schaubild.

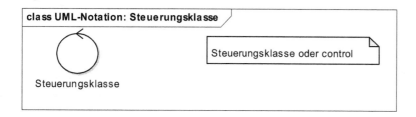

Abb. 2.27 *UML-Notation Steuerungsklasse*

Als Ergänzung zu den Schnittstellen gibt es **Klassen für Schnittstellenobjekte**. Diese bilden eine Zusammenstellung von Eigenschaften einiger anderer Objekte und stellen eine Art Fassade dar.

Die Darstellung einer Klasse für Schnittstellenobjekte zeigt das folgende Schaubild.

Abb. 2.28 *UML-Notation Klasse für Schnittstellenobjekte*

2.2.10 Beispiele für Klassendiagramme

Das erste Beispiel zeigt das vollständige Klassendiagramm des Beispiels Firmenwelt, dessen Bestandteile hier schon ausführlich besprochen wurden. Alle Informationen sind in Textform vorab zusammengefasst.

Beispiel 2.2:
In der Firmenwelt sind Personen in Firmen beschäftigt. Für die Personalabteilung spielen nur die Personalnummer und das Gehalt eine Rolle. Die beiden einzigen Aktionen sollen die Möglichkeit der Änderung der Personalnummer und die Erhöhung des Gehalts sein. Beschäftigt sind IT-Mitarbeiter, die Einmalzahlungen bekommen, Überstunden leisten und Programmiersprachen beherrschen. Sie suchen Fehler und programmieren. Des Weiteren gibt es Kundenbetreuer, die über einen Kundenstamm verfügen, diese Kunden betreuen und Angebote erstellen und dem Kunden übergeben. Schließlich sind die Geschäftsführer für Bereiche zuständig, managen und genehmigen Angebote. Jede Firma beschäftigt Personen, hat einen Inhaber und stellt Produkte her. Außerdem kann sie Mitarbeiter einstellen. Alle Personen haben eine Anschrift, Bankdaten und Telefondaten mit den angegebenen Attributen und Methoden. Jede Firma besteht aus Abteilungen, diese bestehen wiederum aus Referaten.

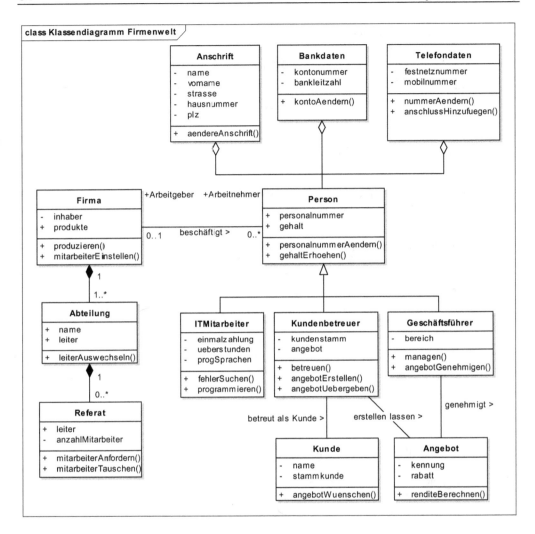

Abb. 2.29   *Klassendiagramm Firmenwelt*

Das zweite Beispiel zeigt das Klassendiagramm von **Beispiel 2.1:**
Felicitas ist ein Mädchen von 15 Jahren, besucht das Deutenberg-Gymnasium in Schwenningen, treibt viel Sport und hat als Haustier einen braunen Hasen, der Olli heißt, manchmal
beißt, gerne Lofties frisst und derzeit sehr krank ist.

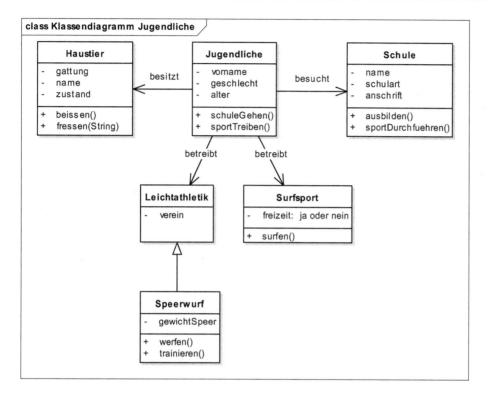

Abb. 2.30 *Klassendiagramm Jugendliche*

2.2.11   Objektdiagramme

Objekte sind die Realisierungen (Instanzen) der Klassen zur Laufzeit. Diese werden mit eindeutigen Namen versehen und alle Attribute werden mit Werten belegt.

Objektdiagramme entstehen als Folge davon aus den Klassendiagrammen. Sie stellen das System zu einem genau festgelegten Zeitpunkt dar. Es werden alle Objekte aufgelistet. Diese sind mit eindeutigen Namen versehen und alle Attribute sind mit Werten versehen. Es handelt sich also um eine Momentaufnahme aller existierenden Objekte samt ihrer Beziehungen.

Da Objektdiagramme Laufzeitelemente beinhalten, unterscheiden sie sich in vielen Punkten von den Klassendiagrammen:

- Assoziationen sind im Klassendiagramm abstrahiert dargestellt, im Objektdiagramm werden sie konkretisiert.

- Im Objektdiagramm werden keine Vererbungen mehr dargestellt.

- Methoden werden im Objektdiagramm nicht angegeben.

- Attributwerte treten im Klassendiagramm nicht auf.

- Multiplizitäten müssen im Objektdiagramm aufgelöst sein und müssen konsistent zur Zahlenangabe im Klassendiagramm sein.

2.2.12   Objekte und Wertebelegungen

Objekte werden ähnlich wie Klassen dargestellt. Bei der vollständigen Spezifikation werden sowohl der Objektname als auch der Klassenname angegeben. Das folgende Schaubild zeigt alle Varianten der Objektdarstellung in der einfachsten Form, in der die Attributbelegungen noch nicht angegeben sind.

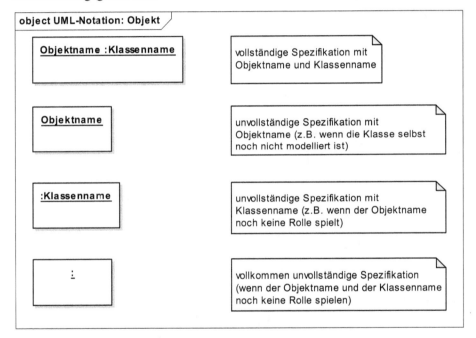

Abb. 2.31   *UML-Notation Objekt*

Betrachtet man real existierende Objekte zur Laufzeit, so werden diese durch die Angabe der Attributwerte vollständig angegeben. Das folgende Schaubild zeigt dies.

Das sich anschließende Diagramm zeigt als Beispiel einen IT-Mitarbeiter MisterJAVA.

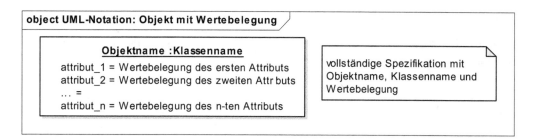

Abb. 2.32   *UML-Notation Objekt mit Wertebelegung*

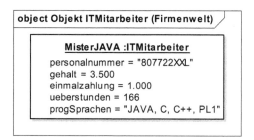

Abb. 2.33   *Objekt ITMitarbeiter (Firmenwelt)*

2.2.13   Beispiele für Objektdiagramme

Die folgenden drei Objektdiagramme zeigen Teile aus dem Beispiel Firmenwelt.

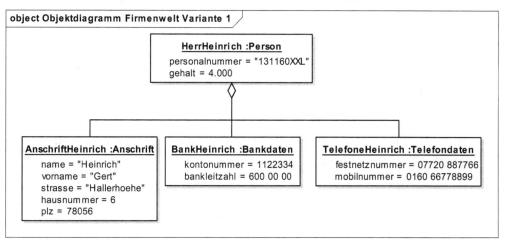

Abb. 2.34   *Objektdiagramm Firmenwelt Variante 1*

Im oben abgebildeten Diagramm wird eine Person samt ihren persönlichen Daten modelliert.

Im folgenden Diagramm sieht man die Daten der Firma XXL samt ihren Abteilungen und Referaten.

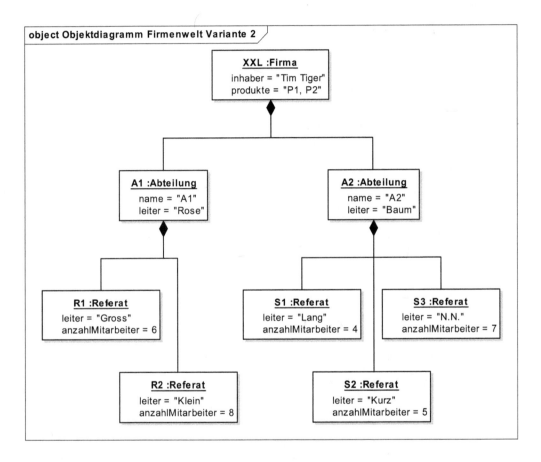

Abb. 2.35   *Objektdiagramm Firmenwelt Variante 2*

Im letzten Diagramm sind der Kundenbetreuer Fuchs, sein Geschäftsführer, seine Kunden und die dazugehörenden Angebote dargestellt.

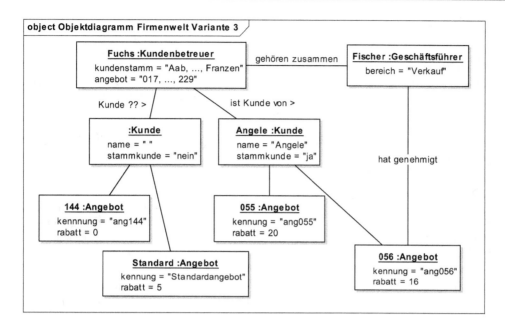

Abb. 2.36 *Objektdiagramm Firmenwelt Variante 3*

Das nächste Objektdiagramm zeigt die Modellierung von **Beispiel 2.1**.

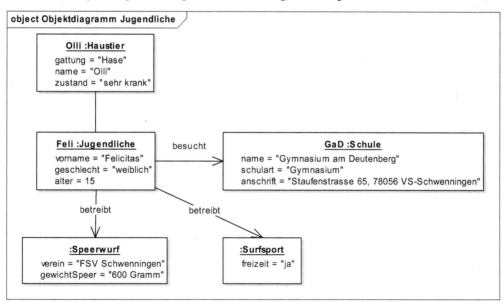

Abb. 2.37 *Objektdiagramm Jugendliche*

2.3   Verhaltensmodellierung

Zur Modellierung des dynamischen Verhaltens eines Systems dienen die Verhaltensdiagramme. Für die Darstellung des Verhaltens einzelner Objekte und den inneren Ablauf von Methoden genügen hier die drei Diagrammtypen Sequenzdiagramm, Kommunikationsdiagramm und Zustandsdiagramm.

Im Sequenzdiagramm wird der zeitliche Informationsaustausch zwischen einer Menge von Beteiligten (meist von Objekten oder Akteuren) dargestellt. Damit ist es möglich, komplexe Abläufe durch eine Verschachtelung und Steuerung mittels Bedingungen, Schleifen und Verzweigungen darzustellen.

Im Kommunikationsdiagramm erfolgt die Darstellung des räumlichen bzw. abhängigkeitsbezogenen Informationsaustausches zwischen einer Menge von Beteiligten (meist von Objekten oder Akteuren). Dabei steht die Darstellung der Beziehungen zwischen den beteiligten Objekten im Vordergrund, die zeitliche Reihenfolge ist nicht wesentlich. Auch hier ist eine Verschachtelung und Steuerung mittels Bedingungen, Schleifen und Verzweigungen üblich.

Im Zustandsdiagramm erfolgt die Darstellung der Zustände von verschiedenen Modellelementen wie Objekten, Schnittstellen, Anwendungsfällen und Komponenten. Angegeben werden die verschiedenen Anfangs- und Endzustände, Ereignisse für Zustandsübergänge samt deren Bedingungen und eventuelle Ein- und Austrittsaktionen. Zustandsdiagramme beschreiben endliche Automaten.

Von den anderen vier Strukturdiagrammtypen werden das Anwendungsfalldiagramm und das Aktivitätsdiagramm in den nächsten beiden Kapiteln ausführlich beschrieben. Das Timingdiagramm und das Interaktionsübersichtsdiagramm spielen im Folgenden nur eine sehr untergeordnete Rolle. Der interessierte Leser findet ausführliche Darstellungen in Jeckle [9] und Oestereich [10].

2.3.1   Sequenzdiagramme

Sequenzdiagramme zeigen die zeitliche Kommunikation eines Systems auf und stellen folglich den Informationsaustausch zwischen Kommunikationspartnern dar. Modellelemente sind stets Kommunikationspartner, Interaktionen, Lebenslinien, Nachrichten und Sprachmittel zur Flusskontrolle.

Im folgenden Diagramm ist die UML-Notation der Kommunikationspartner und der Lebenslinien angegeben.

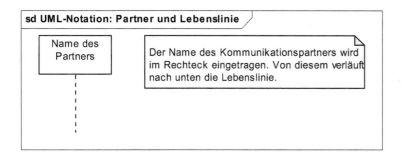

Abb. 2.38   *UML-Notation Kommunikationspartner und Lebenslinien*

Die Darstellung der Nachrichten erfolgt mit Pfeilen, die mit dem Namen der Nachricht versehen werden. Sobald ein Kommunikationspartner in Aktion ist (also etwas tut), wird dies als Ausführungssequenz behandelt und mit einem Rechteckbalken auf der Lebenslinie dargestellt. Das folgende Diagramm zeigt die UML-Darstellung:

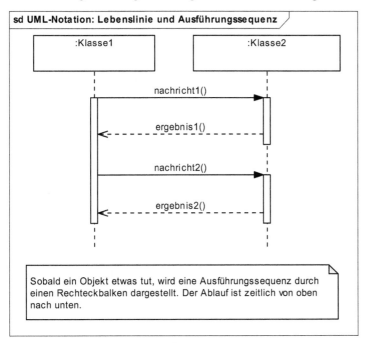

Abb. 2.39   *UML-Notation Lebenslinie und Ausführungssequenz*

Für die Bezeichnung der Nachrichten durch Pfeile gibt es verschiedene Darstellungen, die von speziellen Eigenschaften der Nachrichten abhängen. Dies ist im folgenden Diagramm angegeben.

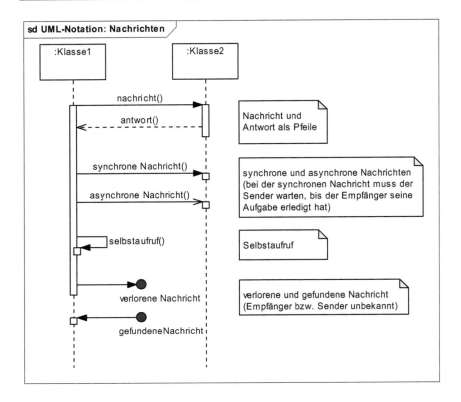

Abb. 2.40   *UML-Notation Nachrichten*

Das folgende Diagramm zeigt ein Beispiel aus der Firmenwelt.

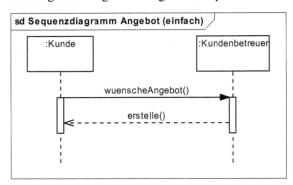

Abb. 2.41   *Sequenzdiagramm Angebot (einfach)*

Ein Kunde wünscht ein Angebot und der Kundenbetreuer erstellt dieses Angebot.

Weitere Notationselemente stellen kombinierte Fragmente dar. Diese kennzeichnen einen Teil des Diagramms bzw. des Ablaufs, für den bestimmte Regeln gelten. Um diese Fragmente wird einfach ein weiterer Rechteckrahmen gezeichnet. Die wichtigsten Fragmente sind Alternativen (alt), Optionen (opt) und Schleifen (loop). Eine vollständige Liste samt deren Beschreibung findet man in Jeckle [9].

Das folgende Diagramm zeigt eine Alternative für das Beispiel Angebot aus der Firmenwelt.

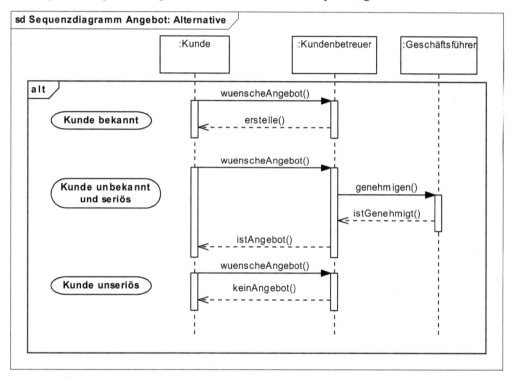

Abb. 2.42 *Sequenzdiagramm Angebot Alternative*

2.3.2   Beispiele für Sequenzdiagramme

Das erste Beispiel zeigt den Ablauf zur Erstellung eines Angebots für einen Kunden: Eine Kundin möchte ein Angebot. Der Kundenbetreuer erstellt ein solches Angebot. Der Geschäftsführer muss das Angebot genehmigen. Hierzu lässt er sich vom Angebot die Rendite berechnen. Anschließend genehmigt er es. Das Angebot meldet dem Kundenbetreuer, dass es genehmigt ist. Der Kundenbetreuer übergibt dem Kunden das Angebot. Der Kunde liest das Angebot.

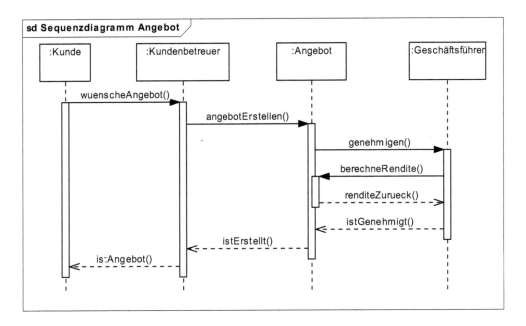

Abb. 2.43 *Sequenzdiagramm Angebot*

Das zweite Beispiel zeigt den Ablauf einer Suche im Internet.

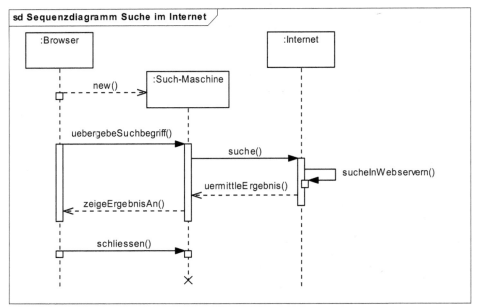

Abb. 2.44 *Sequenzdiagramm Suche im Internet*

2.3.3 Kommunikationsdiagramme

Kommunikationsdiagramme zeigen die räumliche Kommunikation eines Systems auf und stellen ebenfalls den Informationsaustausch zwischen Kommunikationspartnern dar. Der zeitliche Ablauf spielt hier keine Rolle, es erfolgt die Darstellung der Beziehungen zwischen den beteiligten Objekten. Dabei geht es einzig und allein um die Frage „Wer macht was mit wem?". Die Modellelemente sind Kommunikationspartner, Lebenslinien und Nachrichten.

Kommunikationsdiagramme sind in der Handhabung deutlich einfacher als Sequenzdiagramme. Das folgende Diagramm zeigt die wichtigsten Elemente der UML-Notation:

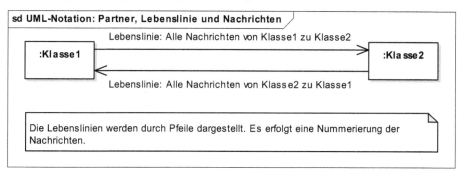

Abb. 2.45 *UML-Notation Partner, Lebenslinie und Nachrichten*

2.3.4 Beispiele für Kommunikationsdiagramme

In den folgenden beiden Kommunikationsdiagrammen sind die Abläufe Angebot und Suche im Internet aus Abschnitt 2.3.2 dargestellt.

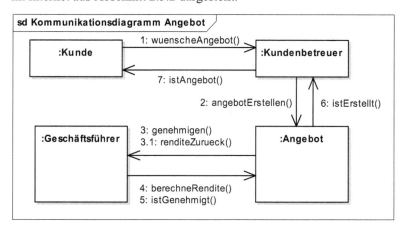

Abb. 2.46 *Kommunikationsdiagramm Angebot*

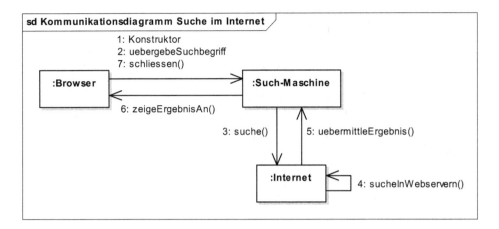

Abb. 2.47   *Kommunikationsdiagramm Suche im Internet*

2.3.5   Zustandsdiagramme

Zustandsdiagramme beschreiben eine Folge von Zuständen, die ein Objekt oder ein anderes Modellelement annehmen kann. Zusätzlich beinhalten sie Ereignisse, welche die Zustandsänderungen auslösen.

Im folgenden Diagramm ist die UML-Notation von Zuständen angegeben.

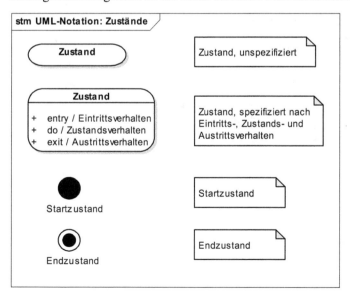

Abb. 2.48   *UML-Notation Zustände*

Zustandsänderungen werden durch Transitionen beschrieben. Diese haben Auslöser, Bedingungen und Verhaltensweisen.

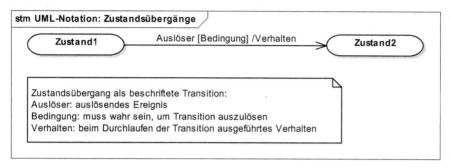

Abb. 2.49 *UML-Notation Zustandsübergänge*

Das folgende Diagramm beschreibt den Zustand „in Pause" eines IT-Mitarbeiters.

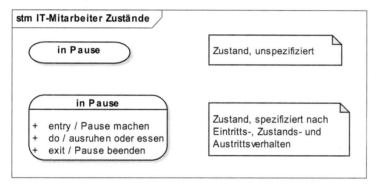

Abb. 2.50 *Zustandsdiagramm IT-Mitarbeiter Zustände*

Die nächsten drei Diagramme zeigen Zustandsdiagramme für einen IT-Mitarbeiter mit den drei Zuständen „verfügbar für Arbeit", „arbeitend" und „in Pause" samt Startzustand und Endzustand.

Im ersten Diagramm sind die Zustände nur bezeichnet und die Übergänge unbeschriftet.

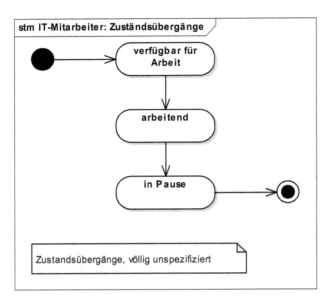

Abb. 2.51   *Zustandsdiagramm IT-Mitarbeiter unspezifizierte Zustandsübergänge*

Im nächsten Diagramm sind die Zustände nur bezeichnet und die Übergänge beschriftet.

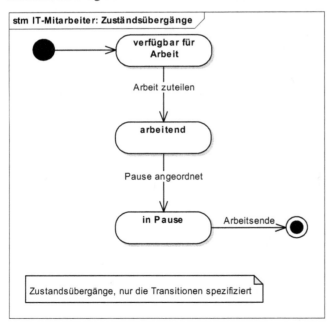

Abb. 2.52   *Zustandsdiagramm IT-Mitarbeiter nur Transitionen spezifiziert*

Im letzten Diagramm sind sowohl die Zustände also auch die Übergänge vollständig spezifiziert.

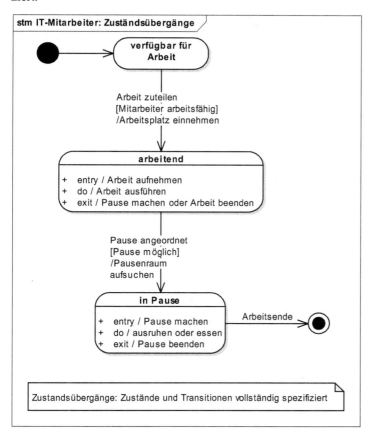

Abb. 2.53 *Zustandsdiagramm IT-Mitarbeiter vollständig spezifiziert*

Um die Zustandsdiagramme übersichtlich zu gestalten und bei vielen Zustandsübergängen Überschneidungen zu vermeiden gibt es noch drei zusätzliche Diagrammelemente: die Kreuzung, die Entscheidung und die Gabelung bzw. Vereinigung. Sie scheinen auf den ersten Blick nahezu identisch zu sein, unterscheiden sich jedoch in wichtigen Punkten.

Die UML-Notation der Kreuzung, der Entscheidung und der Gabelung bzw. Vereinigung ist in den nächsten drei Diagrammen abgebildet.

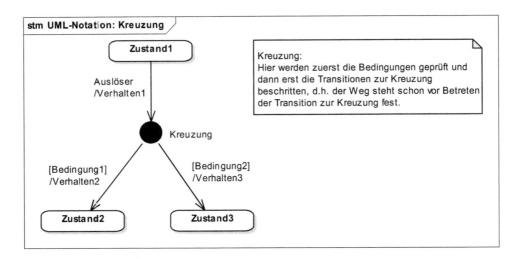

Abb. 2.54   *UML-Notation Kreuzung*

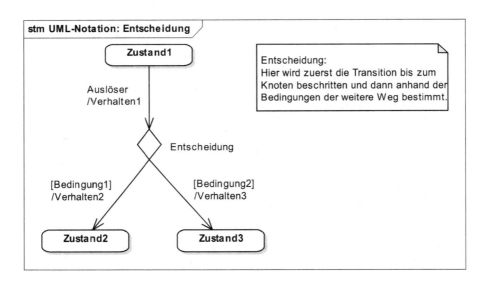

Abb. 2.55   *UML-Notation Entscheidung*

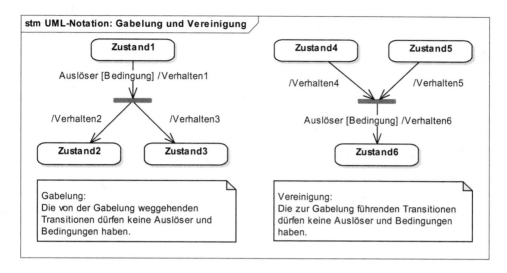

Abb. 2.56   *UML-Notation Gabelung und Vereinigung*

Das folgende Diagramm zeigt den Unterschied am Beispiel eines IT-Mitarbeiters und den Zuständen arbeitend, in Pause und krank.

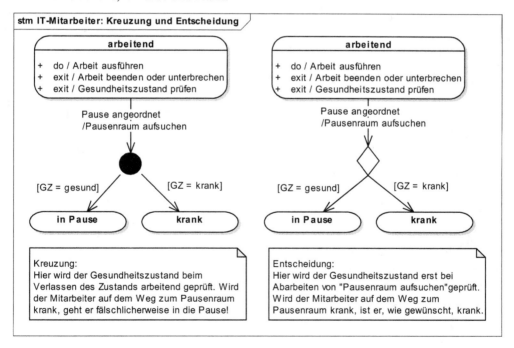

Abb. 2.57   *IT-Mitarbeiter Kreuzung und Entscheidung*

2.3.6　　　Beispiel für Zustandsdiagramme

Das Diagramm zeigt vier Zustände eines IT-Mitarbeiters und alle sinnvollen Transitionen.

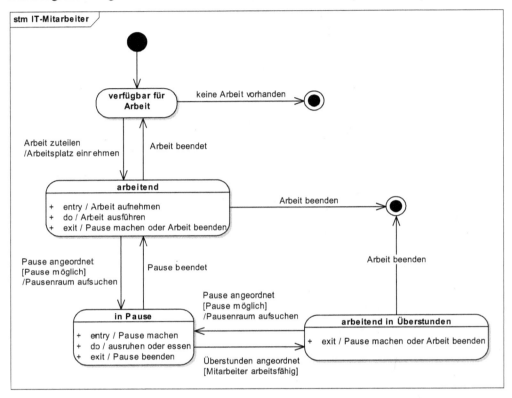

Abb. 2.58　　*Zustandsdiagramm IT-Mitarbeiter*

2.4　　　Aufgaben

Aufgabe 1

Geben Sie zu den gegebenen Begriffspaaren jeweils an, wie diese im Sinne der Objektorientierung zusammen hängen können.

(a)　Gert Heinrich, Person
(b)　Gert Heinrich, Tim Heinrich
(c)　Gert Heinrich, Tim Tiger
(d)　Gert Heinrich, 47 Jahre

(e) Gert Heinrich, sportlich

(f) Gert Heinrich, Kaiser von China

(g) Gert Heinrich, Professor

(h) Gert Heinrich, läuft 100km

(i) Gert Heinrich, ein Bein

(j) Gert Heinrich, sein Bein

(k) Gert Heinrich, Phil Taylor

(l) Lehrer, Professor

(m) Dozent, Professor

(n) Universität Villingen-Schwenningen, Studienbereich Wirtschaftsinformatik

(o) Hochschule Stuttgart, Fachbereich Informatik

Aufgabe 2

Sie sollen eine Zeiterfassung für die Mitarbeiter einer Firma modellieren. Definieren Sie eine Klasse MitarbeiterZeiterfassung. Finden Sie geeignete Attribute und Methoden für diese Klasse.

Aufgabe 3

Erstellen Sie eine Klasse, um einen Gast bei einer Studentenparty zu modellieren.

Aufgabe 4

Gegeben sei die folgende Anforderung:

An einer Bildungseinrichtung soll ein Programm zur Verwaltung der Daten erstellt werden, die mit dem Scheinerwerb in einer Vorlesung anfallen. Die Anzahl der Studierenden, die an der Vorlesung teilnehmen, ist variabel.

Um einen Schein zu bekommen, muß eine vorgegebene Anzahl von Aufgaben gelöst werden. Es werden pro Semester eine bestimmte Anzahl von Aufgaben gestellt, die zu definierten Zeitpunkten abgegeben werden müssen. Danach erhalten die Lösungen den Status richtig gelöst oder falsch. Es ist möglich, die Aufgaben in Gruppen zu maximal 6 Personen zu bearbeiten.

Das System soll menügesteuert bedienbar sein und Datensätze in einer Datei ablegen.

(a) Geben Sie 10 Kandidaten für Klassen bzw. Attribute an.

(b) Nennen Sie drei dieser Kandidaten, die Sie als Klasse modellieren würden und begründen Sie dies.

(c) Nennen Sie drei dieser Kandidaten, die Sie als Attribut modellieren würden und begründen Sie dies.

(d) Geben Sie 5 Kandidaten für Methoden an.

Aufgabe 5

Die Klasse Fenster zur Gestaltung einer grafischen Oberfläche soll mit der UML modelliert und dargestellt werden.

(a) Geben Sie dabei zwei Attribute, vier aufgrund der Datenkapselung notwendige Methoden und zwei weitere Methoden an.

(b) Erzeugen Sie eine Instanz dieser Klasse.

Aufgabe 6

Gegeben sind die Klassen Fortbewegungsmittel, Auto und Fahrrad. Alle Klassen beinhalten die Methode bremsen(). Erklären Sie damit den Begriff Polymorphismus. Geben Sie zwei verschiedene Möglichkeiten an.

Aufgabe 7

Gegeben sind die Klassen Windgetriebenes Fahrzeug, Segelboot, Motorgetriebenes Fahrzeug, Wasserfahrzeug und Fahrzeug.

Erstellen Sie ein Klassendiagramm, in dem als Beziehungen nur Vererbung verwendet wird und geben Sie pro Klasse zwei Attribute und zwei Methoden an.
Erklären Sie anhand einer geeigneten Methode den Begriff Polymorphismus an diesem Beispiel.

Aufgabe 8

Gegeben sind die Klassen Fisch, Wal, Landbewohner, Lebewesen, Säugetier, Wasserbewohner, Schwein und Heilbutt. Erstellen Sie ein Klassendiagramm, in dem als Beziehungen nur Vererbungen verwendet werden. Geben Sie zu jeder Klasse ein Attribut und eine Methode an. Geben Sie auch das vollständige Diagramm mit den zu überschreibenden Methoden an.

Aufgabe 9

Gegeben seien die Klassen PKW, LKW, Hubschrauber, Motorsegler, Düsenflugzeug, Segelboot, Passagierschiff, Ruderboot, Amphibienfahrzeug, Rennrad, Mountainbike und Mofa. Geben Sie drei verschiedene Klassendiagramme unter Verwendung von Vererbung an und zeigen Sie damit, dass die Eigenschaft Wiederverwendung an Grenzen stoßen kann.

Aufgabe 10

Überlegen Sie sich eine sinnvolle Klassenhierarchie für Fahrräder bezüglich Aggregationen. Definieren Sie mindestens 7 Klassen und mindestens vier Ebenen. Geben Sie pro Klasse je zwei Attribute und Methoden an.

Aufgabe 11

In Villingen-Schwenningen gibt es mehrere Schulen. Jede dieser Schulen wird von einem Direktor geleitet. Jeder Lehrer muss mindestens zwei Fächer unterrichten. Jede Klasse hat einen Klassenlehrer. Die Schüler werden in Schulklassen unterrichtet.

(a) Erstellen Sie ein Klassendiagramm, das die Klassen Schule, Lehrer, Schüler, Unterrichtsfach und Schulklasse enthält und geben Sie sämtliche im Text angegebenen Beziehungen an.

(b) Ergänzen Sie das Klassendiagramm durch weitere sinnvolle Beziehungen.

(c) Was könnten Gründe sein, dass hier keine Klasse Direktor modelliert wird?

Aufgabe 12

Ausschnitt aus einer Anforderung eines künstlerisch tätigen Fliesenlegers:

Ein Fliesenleger möchte Mosaikbilder für Badezimmerwände anbieten, die aus einzelnen farbigen Fliesen bestehen. Dazu benutzt er rechteckige und kreisrunde Fliesen in unterschiedlichen Größen. Eine Spezialfliese ist eine so genannte Kachel, ein Quadrat mit zwei an zwei parallelen Seiten aufgesetzten Halbkreisen. Er hätte gern ein Anwendungsprogramm, mit dessen Hilfe er Fliesen definieren kann, um damit Muster zusammensetzen zu können. Besonderen Wert legt er dabei auf die Möglichkeit, die Größe einer gegebenen Fliese ändern zu können.

(a) Finden Sie ein mögliches Klassenmodell einschließlich der Attribute und Methoden.

(b) Erstellen Sie ein Sequenzdiagramm und ein Kommunikationsdiagramm zur Methode, welche die Größe einer Fliese ändert.

Aufgabe 13

Modellieren Sie ein Klassendiagramm für einen Zehnkämpfer in der Leichtathletik.

(a) Finden Sie Klassen für zusammengehörige Aufgaben und geben Sie deren Eigenschaften kurz an.

(b) Erstellen Sie das Klassendiagramm.

Aufgabe 14

Erstellen Sie ein Sequenzdiagramm für eine Methode Auszahlung an einem Geldautomaten.

Aufgabe 15

Erstellen Sie ein Sequenzdiagramm für eine Methode Wäsche waschen mit einer Waschmaschine. Verwenden Sie dabei Objekte der Klassen Steuerung, Wasserventil, Heizung, Motor und Pumpe.

Aufgabe 16

Gegeben sei der Vorgang, mit dem die Parkgebühr an einem Kartenautomat in einem Parkhaus bezahlt wird. Geben Sie ein Zustandsdiagramm an, in dem die Zustände

- bereit
- wartet auf Geldeinwurf
- prüfe Karte
- wartet auf Quittungsanforderung

dargestellt werden. Geben Sie dabei alle möglichen Zustandsübergänge samt den dazugehörenden Ereignissen bzw. Bedingungen an.

Aufgabe 17

Gegeben sei eine Klasse Mietwagen, deren Objekte folgende Zustände annehmen können:

in Überprüfung, in Werkstatt, verfügbar, ausgemustert und vermietet.

Geben Sie ein Zustandsdiagramm an, in dem die Zustände dargestellt werden. Geben Sie dabei alle möglichen Zustandsübergänge samt den dazugehörenden Ereignissen bzw. Bedingungen an.

Aufgabe 18

Gegeben sei eine Klasse Auto, deren Objekte folgende Zustände annehmen können:

geparkt, fahrend im 1. Gang, fahrend im 2. Gang, fahrend im 3. Gang, fahrend im Rückwärtsgang.

Geben Sie ein Zustandsdiagramm an, in dem die Zustände dargestellt werden. Geben Sie dabei alle möglichen Zustandsübergänge samt den dazugehörenden Ereignissen bzw. Bedingungen an.

Aufgabe 19

Gegeben sei eine Klasse Fahrrad, deren Objekte folgende Zustände annehmen können:

abgestellt, fahrend, gestohlen, defekt und in Reparatur.

Geben Sie ein Zustandsdiagramm an, in dem die Zustände dargestellt werden. Geben Sie dabei alle sinnvollen Zustandsübergänge samt den dazugehörenden Ereignissen bzw. Bedingungen an.

3   Objektorientierte Analyse

Das Ziel der Analyse ist es, die Anforderungen eines Auftraggebers an ein neues Software-system zu ermitteln und zu beschreiben. Hierzu muss ein Modell des Fachkonzepts erstellt werden, das vollständig, eindeutig, konsistent und realisierbar ist. Bei der (System-)Analyse werden bewusst alle Aspekte der Implementierung ausgeklammert. Erst der Entwurf der Benutzungsschnittstelle (GUI-Entwurf) stellt einen ersten Übergang in das objektorientierte Design dar, weil hier Implementierungsdetails eine gewisse Rolle spielen. Trotzdem kann der Entwurf der Benutzungsschnittstelle bereits in der Analyse durchgeführt werden, weil für viele Anwender erst hierüber ein vollständiges Bild der zukünftigen Anwendung entsteht.

Die objektorientierte Analyse geht von Objekten aus, die sich in der realen Welt befinden. Das sind nicht nur Gegenstände oder Personen, sondern häufig auch Begriffe oder Ereignisse aus dem Anwendungsbereich.

Ziel der objektorientierten Analyse ist es, das zu realisierende Problem zu verstehen und in einem OOA-Modell zu beschreiben. Dieses Modell soll die essentielle Struktur und Semantik des Problems, aber noch keine technische Lösung beschreiben.

Das OOA-Modell (Analysemodell) bildet die fachliche Lösung des zu realisierenden Systems. Man spricht hierbei auch vom Fachkonzept, welches aus einem statischen und einem dynamischen Modell besteht.

Das statische Modell beschreibt insbesondere die Klassen des Systems, die Beziehungen zwischen den Klassen und die Vererbungsstrukturen. Pakete dienen dazu, Teilsysteme zu bilden, um bei großen Systemen einen besseren Überblick zu ermöglichen.

Das dynamische Modell zeigt die Funktionsabläufe. Anwendungsfälle beschreiben die durchzuführenden Aufgaben auf einem hohen Abstraktionsniveau. Sie werden durch Aktivitätsdiagramme und/oder Zustandsautomaten verfeinert. Das OOA-Modell muss alle Informationen enthalten, um daraus einen Prototyp der Benutzungsoberfläche abzuleiten.

3.1 Anwendungsfälle

Der Begriff des Anwendungsfalls (engl. Use Case) wurde von Dr. Ivar Jacobson erstmals 1987 in Zusammenhang mit einer objektorientierten Methode auf einer Konferenz vorgestellt. Über sein Buch *Software Engineering: Use Case Driven Approach* [8] wurde der Anwendungsfall zum allgemeinen Begriff in der Objektmodellierung. In den folgenden Jahren wurde die Idee von Jacobson weiterentwickelt. Obwohl das Konzept der Anwendungsfälle prinzipiell vollkommen unabhängig von der objektorientierten Modellierung ist, besitzt es einen festen Platz in den meisten Vorgehensmodellen für die objektorientierten Softwareentwicklung und auch in der UML.

In vielen aktuellen Vorgehensmodellen schließt sich die Modellierung von Anwendungsfällen an die Geschäftsprozessmodellierung an und basiert auf den darin erstellten Ergebnissen (z.B. Soll-Prozessen). Anwendungsfälle werden hierbei für die systemseitig zu unterstützenden Arbeitsschritte im modellierten Prozess erstellt. Auf einer höheren Abstraktionsebene können Anwendungsfälle auch zur Beschreibung von Geschäftsprozessen eingesetzt werden.

In diesem Buch werden Anwendungsfälle jedoch als erste Schritte in der Analyse behandelt und dienen der Beschreibung der Aufgaben eines neuen Softwaresystems. Somit befinden sich die hier beschriebenen Anwendungsfälle auf einem niedrigeren Abstraktionsniveau als die o.g. Geschäftsprozesse.

3.1.1 Anwendungsfälle und Akteure

Ein Anwendungsfall innerhalb eines Informationssystems wird definiert „als eine Sequenz von zusammengehörenden Transaktionen, die von einem Akteur im Dialog mit einem System ausgeführt werden, um für den Akteur ein Ergebnis von messbarem Wert zu erstellen" (siehe Balzert [1]).

Der „messbare Wert" bedeutet in diesem Kontext, dass das Ergebnis einen sichtbaren, quantifizierbaren und/oder qualifizierbaren Einfluss auf die Systemumgebung hat. Eine Transaktion ist eine Menge von Verarbeitungsschritten, von denen entweder alle oder keiner ausgeführt werden.

Ein Akteur (engl. Actor) beschreibt eine Rolle, die ein Benutzer eines Systems einnimmt. Der Akteur übt damit Einfluss auf das System aus. Bei dem Akteur muss es sich nicht zwangsläufig um eine Person handeln. Auch eine Organisationseinheit oder ein externes System kann mit dem zu modellierenden System kommunizieren und damit Einfluss auf dieses ausüben. Wichtig ist jedoch: Akteure befinden sich stets außerhalb des Systems.

Beispiel: Stellt das dargestellte System ein Warenversandhaus dar, dann sind sowohl Kunde als auch Lieferant als Akteure zu bezeichnen. Die Lagerhaltung ist dagegen kein Akteur des Warenversandhauses, denn sie befindet sich innerhalb des dargestellten Systems. Für ein Softwaresystem hingegen, welches Auftrags- und Bestellwesen unterstützt, ist die Lagerhaltung ein Akteur, denn diese Abteilung ist außerhalb des Systems, kommuniziert jedoch mit dem Softwaresystem.

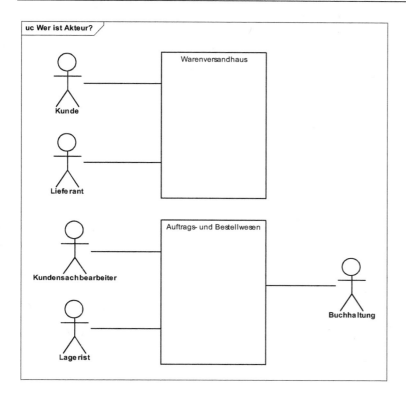

Abb. 3.1 *Wer ist Akteur?*

Das Anwendungsfalldiagramm (Use Case Diagram) stellt das Zusammenspiel der Anwendungsfälle eines Systems untereinander und mit den Akteuren dar. Es gibt einen guten Überblick über das System und seine Schnittstellen zur Umgebung. Die Akteure werden als Strichmännchen dargestellt, die Anwendungsfälle als Ovale. Eine Linie zwischen Akteur und Anwendungsfall symbolisiert, dass eine Kommunikation stattfindet.

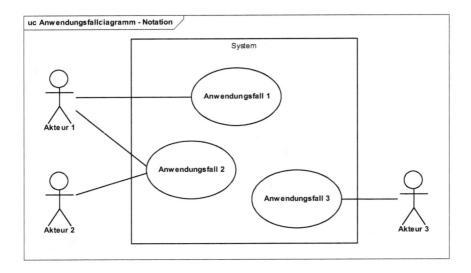

Abb. 3.2 *Notation für Anwendungsfalldiagramme*

Die nachfolgende Abbildung zeigt ein Anwendungsfalldiagramm für einen einfachen Geldautomaten.

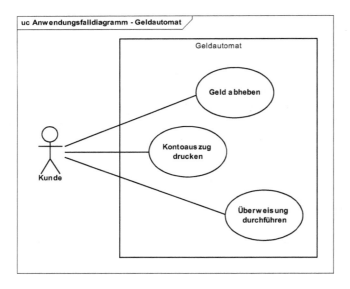

Abb. 3.3 *Anwendungsfalldiagramm eines Geldautomaten*

Dabei ist zu beachten, dass die im Diagramm dargestellten Anwendungsfälle für sich isoliert existieren und die Anordnung im Diagramm rein zufällig ist. Die Anordnung stellt somit keine Ablaufreihenfolge der einzelnen Anwendungsfälle, etwa von oben nach unten, dar. Ein Akteur kann einen einzelnen oder mehrere der modellierten Anwendungsfälle ausführen, wobei die jeweilige Anzahl oder Reihenfolge beliebig ist.

3.1.2   Anwendungsfälle beschreiben

Während das Anwendungsfalldiagramm einen guten Überblick über die Anforderungen an ein Softwaresystem gibt, reicht dies für die weitere Entwicklung eines Softwaresystems nicht aus. Daher sind die einzelnen Anwendungsfälle in einem nächsten Schritt detaillierter zu beschreiben. Hierzu werden die Anwendungsfälle semiformal bzw. informal (umgangssprachlich) beschrieben.

Bei dieser umgangssprachlichen Beschreibung empfiehlt es sich jedoch trotzdem, ein paar einfache formale Regeln einzuhalten. Gerade, wenn mehrere Teammitglieder an einer Anforderungsanalyse beteiligt sind, wird hierdurch eine Einheitlichkeit der Beschreibung der einzelnen Anwendungsfälle erreicht.

Ein erster Schritt zu dieser Einheitlichkeit stellt die Verwendung einer Textschablone dar. Diese Textschablone sollte als Rahmen oder Checkliste zu verstehen sein und sollte für jeden Anwendungsfall vollständig ausgefüllt werden.

Anwendungsfall: Benennung des Anwendungsfalls

Auslösendes Ereignis:
Wenn dieses Ereignis eintritt, wird der Anwendungsfall initiiert.

Vorbedingung:
Erwarteter Zustand des Systems vor Ausführung des Anwendungsfalls.

Nachbedingung:
Erwarteter Zustand des Systems nach erfolgreicher Ausführung des Anwendungsfalls.

Ablauf:
Kurze Beschreibung der einzelnen Schritte im Ablauf des Anwendungsfalls; gegliedert durch nummerierte Einzelpunkte.

1. ...
2. ...
3. ...
usw.

Abb. 3.4   *Textschablone für die Anwendungsfallbeschreibung*

Die Benennung des Anwendungsfalls entspricht dem Namen im Anwendungsfalldiagramm und sollte aus zwei bis drei Wörtern bestehen (was wird getan?). Bei der Formulierung der Vor- und Nachbedingungen ist darauf zu achten, dass tatsächlich Zustände und nicht weitere Aktionen beschrieben werden. Es kann vorkommen, dass die Festlegung einer Vorbedingung schwierig ist oder schlicht und einfach keine existiert. Daher ist die Beschreibung der Vorbedingung als optional zu betrachten. Auf keinen Fall verzichtbar ist jedoch die Nachbedingung. Ein Anwendungsfall beschreibt den Ablauf zur Erstellung eines fachlichen Ergebnisses und genau dieses Ergebnis sollte hier durch die Beschreibung des Zustands nach Ausführung des Anwendungsfalls dokumentiert werden. Unter Umständen bietet sich zusätzlich die Unterscheidung in eine Nachbedingung für den Erfolgsfall und eine Nachbedingung für den Fehlschlag des Anwendungsfalls an. Hier kann zusätzlich dokumentiert werden, welcher Zustand erwartet wird, wenn das Ziel nicht erreicht werden kann.

Bei der Beschreibung des Ablaufs hat sich gezeigt, dass eine Beschränkung auf den Standardablauf (best case) des Anwendungsfalls und der Verzicht auf die Beschreibung alternativer Abläufe für ein erstes Verständnis der Anforderungen vollkommen ausreichend ist. Eine Präzisierung der Abläufe und die Betrachtung alternativer Abläufe kann besser mit den Aktivitätsdiagrammen der UML erreicht werden, die im nächsten Kapitel vorgestellt werden.

Aber auch schon bei der umgangssprachlichen Beschreibung der einzelnen Aktionen innerhalb des Ablaufs muss auf eine kurze, prägnante Beschreibung geachtet werden. Weitere sprachliche Regeln fördern eine einheitliche Beschreibung zusätzlich:

- Passiv-Sätze vermeiden, Verantwortliche benennen. Statt: „Der Mietvertrag wird abgeschlossen." besser „Der Mitarbeiter des Autohauses schließt mit dem Mieter einen Mietvertrag ab."

- keine Synonyme; für ein und dieselbe Sache stets den gleichen Begriff verwenden

- keine schwachen Ober- oder Allgemeinbegriffe, sondern qualifizierte konkrete Begriffe verwenden. Statt „Steuer" besser „Mehrwertsteuer" oder „Versicherungssteuer"

- Vorsicht bei der Verwendung von Plural. Im Falle der Verwendung die konkreten Ausprägungen benennen. Statt: „Geschäftsarten" besser „Geschäftsarten mit den Ausprägungen Einzelvertrag, Gruppenvertrag"

- keine DV- / IT-Fachbegriffe verwenden. Die Anwendungsfallbeschreibung soll vom Anwender des Systems verstanden werden und keine Implementierungsdetails (Subsysteme, Module, Benutzerschnittstellen) vorweg nehmen.

Die nachfolgend ausgefüllte Textschablone beschreibt einen Anwendungsfall für den in Abbildung **Abb. 3.3** modellierten Geldautomaten.

Anwendungsfall: Überweisung am Automaten durchführen

Auslösendes Ereignis:
Der Kunde möchte eine Überweisung durchführen.

Vorbedingung:
Die EC-Karte des Kunden ist eingeschoben und der Kunde hat die korrekte PIN eingegeben.

Nachbedingung:
Der Überweisungsauftrag wurde an das Buchungssystem der Bank übertragen.

Ablauf:
1. Der Kunde gibt die Kontendaten des Empfängers mit Kontonummer und Bankleitzahl ein.
2. Der Kunde gibt den Betrag für die Überweisung in Euro ein.
3. Der Kunde gibt den Bemerkungstext für die Überweisung (max. 120 Zeichen) ein.
4. Der Kunde wählt das Ausführungsdatum für die Überweisung (sofort oder Datum)
5. Der Kunde bestätigt die Eingaben.
6. Das System prüft die eingegebenen Daten auf Vollständigkeit und ermittelt die zur Bankleitzahl gehörende Bank. Die um das Bankinstitut vervollständigten Daten werden angezeigt.
7. Der Kunde bestätigt nochmals den Überweisungsauftrag.
8. Das System überträgt die Daten für den Überweisungsauftrag an das Buchungssystem der Bank.
9. Das System informiert den Kunden über die erfolgreiche Datenübertragung.

Abb. 3.5   Anwendungsfallbeschreibung „Überweisung am Automaten durchführen"

Die fachliche Beschreibung der Anwendungsfälle und ihrer Abläufe (z.B. mittels der vorgestellten Textschablone) hat jedoch ihre Grenzen. Die sprachlichen Formulierungen sind innerhalb eines Teams trotz der Vorgabe von Konventionen häufig unterschiedlich. Zudem ist auch die Ausdrucksmöglichkeit hinsichtlich komplexerer Abläufe und Sonderfälle begrenzt. Eine fortlaufende Nummerierung der Einzelschritte eignet sich gut für die Darstellung eines Standardfalls. Durch Unternummerierung und Strukturierung des Textes lassen sich ggf. auch einfache Bedingungen im Ablauf darstellen. Grundsätzlich ist es aber ein Nachteil, dass die Beschreibung mittels der Textschablone die Sequenz der durchzuführenden Schritte festlegt. Es kann nicht ausgedrückt werden, dass für bestimmte Schritte die Reihenfolge aus fachlicher Sicht keine Rolle spielt (vgl. **Abb. 3.6**). Die hier vorgestellten Anwendungsfälle eignen sich somit gut für einen ersten Überblick über das System und die normalen Abläufe und Interaktionen mit dem System. Für eine weitere Detaillierung empfiehlt sich der Einsatz einer formaleren Darstellung. Innerhalb der UML bieten sich hierfür die Aktivitätsdiagramme an, die im nachfolgenden Kapitel 3.2 vorgestellt werden. Mit Hilfe dieser Diagrammart können komplexe Abläufe unter Berücksichtigung von Nebenläufigkeiten, alternativen Entscheidungswegen und Ähnlichem konkret modelliert und damit nachvollziehbar gemacht werden.

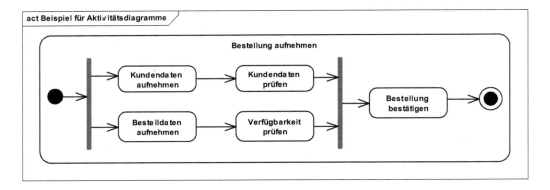

Abb. 3.6   *Erst den Kunden identifizieren oder erst die Bestellung aufnehmen?*

3.1.3   Beziehungen zwischen Anwendungsfällen

Im Allgemeinen besteht ein Anwendungsfall aus mehreren Teilschritten. Unter Umständen ist ein einzelner Schritt in einem Anwendungsfall jedoch so komplex, dass er selbst einen Anwendungsfall darstellt und selbst über mehrere Teilschritten beschrieben werden kann. Ebenso ist es denkbar, dass ganze Folgen von Teilschritten in mehreren Anwendungsfällen in gleicher Form enthalten sind. Beide beschriebenen Fälle können vor allem dann vorkommen, wenn auf einem hohen Abstraktionsniveau formuliert wurde. In beiden Fällen kann man diese Teilschritte als separaten Anwendungsfall modellieren. Der Anwendungsfall mit den separierten Teilschritten wird mit einer im Diagramm dargestellten include-Beziehung in den ursprünglichen Anwendungsfall eingebunden. Hierbei spricht man von einer starken Kopplung, da der ursprüngliche Anwendungsfall die eingebundenen Teilschritte immer enthält und ohne diese nicht vollständig ist.

Eine weitere Form der Beziehung zwischen Anwendungsfällen stellt die extend-Beziehung dar. Diese kann gewählt werden, wenn ein Anwendungsfall unter bestimmten Voraussetzungen um zusätzliche Teilschritte erweitert wird. Neben der extend-Beziehung muss im Diagramm im zu erweiternden Anwendungsfall ein sogenannter Erweiterungspunkt (engl. extension-point) angegeben werden, der die Erweiterung dokumentiert. Im Gegensatz zur include-Beziehung ist der zu erweiternde Anwendungsfall auch ohne die Erweiterung vollständig. Daher spricht man hier von einer losen Kopplung zwischen dem erweiterten Anwendungsfall und seiner Erweiterung.

Anwendungsfälle, die über include- oder extend-Beziehungen in andere Anwendungsfälle eingebunden werden, werden als sekundäre Anwendungsfälle bezeichnet und sind fachlich unvollständig. Die normalen Anwendungsfälle werden als primäre Anwendungsfälle bezeichnet.

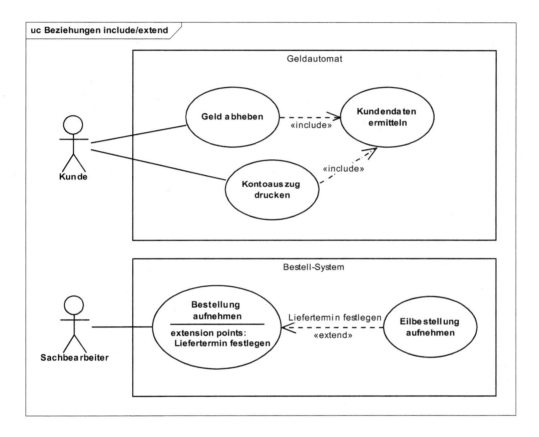

Abb. 3.7 *Beispiele für include- und extend-Beziehungen*

Die Verwendung von include- und extend-Beziehungen ist mit Bedacht anzuwenden. Allzu leicht wird hierdurch eine funktionale Zerlegung des Systems vorgenommen und es entsteht ein Diagramm mit einer Unmenge von Anwendungsfällen, welche letztendlich nur noch aus ein oder zwei Teilschritten bestehen. In der Praxis wird daher oft von der Verwendung dieser Beziehungen abgesehen und das Vorkommen redundanter Formulierungen in Kauf genommen.

3.1.4   Checkliste Anwendungsfälle

Wer ist Akteur?
Die Definition eines Akteurs legt fest, dass sich Akteure immer außerhalb des betrachteten Systems befinden und mit den Anwendungsfällen des Systems kommunizieren. Handelt es sich bei dem zu modellierenden System um ein Softwaresystem, dann ist der Akteur derjenige, der später die entsprechenden Aufgaben mit dem Softwaresystem durchführt. Obwohl diese Erläuterung zunächst plausibel klingt, ist es in der Praxis nicht immer einfach, den Akteur zu ermitteln. Betrachtet man den Anwendungsfall „Fahrkarte kaufen" kann es sich bei dem Akteur sowohl um den Angestellten am Schalter handeln als auch um den Fahrgast selbst, der seine Fahrkarte am Automaten zieht. Hier lässt sich der Akteur nur dann ermitteln, wenn Informationen über den Einsatz des Gesamtsystems bekannt sind.

Folgende Fragestellungen können bei der Identifikation von Akteuren helfen:

- Welche Personen führen diese Aufgaben zur Zeit durch und besitzen daher wichtige Kenntnisse über die durchzuführenden Arbeitsabläufe? Welche Rollen nehmen diese Personen ein?
- Welche Personen werden zukünftig diese Aufgaben durchführen und welche Rollen spielen diese Personen?
- Wo befindet sich die Schnittstelle des betrachteten Systems bzw. was gehört nicht mehr zum System?

Welche Anwendungsfälle gibt es?
Es gibt mehrere Möglichkeiten zur Identifikation von Anwendungsfällen. Grundsätzlich variiert der Weg zu den Anwendungsfällen je nach dem Typ der Anwendung (vgl. [7]).

Grundsätzlich sollte der Fokus zunächst auf den Standardfällen liegen. Sonderfälle sollten konsequent außer Acht gelassen werden. Ansonsten besteht die Gefahr, sich in einer Flut von Sonderfällen und Details zu verlieren und den Blick für das Wesentliche zu verlieren.

Jacobson [8] empfiehlt, bei der Identifikation von Anwendungsfällen von den Akteuren des Systems auszugehen. Hierbei helfen folgende Fragestellungen:

- Welches Ereignis löst einen Arbeitsablauf aus?
- Welche Eingabedaten werden benötigt?
- Welche Schritte sind auszuführen? Ist eine Reihenfolge der Schritte festgelegt?
- Welche Zwischenergebnisse und welche Endergebnisse werden erstellt?
- Welche Vorbedingungen müssen erfüllt sein? Welche Nachbedingungen werden sichergestellt?
- Wie wichtig ist diese Arbeit bzw. das erstellte Arbeitsergebnis?
- Warum wird diese Arbeit durchgeführt?
- Kann die Durchführung verbessert werden?

Ein weiterer alternativer oder ergänzender Ansatz zur Identifikation von Anwendungsfällen besteht in der der Erstellung einer Ereignisliste. Hierbei wird ermittelt, welche Ereignisse der

Umgebung für das System relevant sind. Für jedes Ereignis muss ein Anwendungsfall existieren, der darauf reagiert. Die Ereignisse lassen sich in externe und zeitliche Ereignisse unterteilen. Externe Ereignisse treten außerhalb des betrachteten Systems auf; zeitliche Ereignisse werden im Allgemeinen im System produziert.

Typische Fehlerquellen bei der Identifikation und Beschreibung von Anwendungsfällen sind:

- zu kleine und damit zu viele Anwendungsfälle
- zu frühe Betrachtung von Sonderfällen
- zu detaillierte Beschreibung der Anwendungsfälle
- verwechseln von include- und extend-Beziehungen
- Beschreibung von Dialogabläufen durch die Anwendungsfälle.

Auf den letztgenannten Punkt ist besonders zu achten. Ein Anwendungsfall darf keine Dialogsteuerung beschreiben, da hierdurch die Trennung zwischen Fachkonzept und Benutzungsoberfläche verloren gehen würde.

3.1.5 Aufgaben

Aufgabe 1

Identifizieren Sie aus der folgenden Problembeschreibung mögliche Anwendungsfälle und erstellen Sie ein Anwendungsfalldiagramm.

Eine Bibliothek ist zu verwalten. Jeder registrierte Leser kann sich Bücher ausleihen. Ist ein gewünschtes Buch nicht vorhanden, so kann es von den Lesern vorbestellt werden. Ein Buch kann zu einem Zeitpunkt von mehreren Lesern vorbestellt sein, d h. es wird eine Warteliste gebildet. Wird ein vorbestelltes Buch zurückgegeben, dann ist der erste Leser auf der Warteliste zu benachrichtigen. Reservierte Bücher, die nach einer Woche nicht abgeholt wurden, werden wieder zur Ausleihe bereitgestellt oder der nächste Leser der Warteliste wird informiert. Bei der Aufnahme in die Bibliothek erhält jedes Buchexemplar eine eindeutige Inventarnummer. Für jeden Leser werden der Name und die Adresse gespeichert. Bei der Ausleihe werden das Ausleihdatum und das Rückgabedatum gespeichert. Bei allen Büchern, deren Ausleihfrist um eine Woche überschritten ist, werden deren Leser automatisch gemahnt.

Aufgabe 2

Identifizieren Sie aus folgender Problembeschreibung die Anwendungsfälle. Erstellen Sie ein Anwendungsfalldiagramm und beschreiben Sie jeden Anwendungsfall mittels Textschablone.

Die Vorlesungen und Prüfungen einer Hochschule sollen verwaltet werden.

Jede Vorlesung gehört zu einem bestimmten Typ. Einige Vorlesungstypen sind Pflicht, d.h. Voraussetzung für die Anmeldung zur Diplomarbeit. Eine Vorlesung wird an einem bestimmten Wochentag, zu einer festgelegten Zeit in einem festgelegten Raum eingetragen. Sie wird von genau einem Dozenten durchgeführt. Nach einem vorliegenden Terminplan muss von jedem Fachbereich ein Vorlesungsplan für das nächste Semester erstellt werden.

Für alle durchzuführenden Prüfungen wird vom Prüfungsausschuss in jedem Semester ein aktueller Prüfungsplan erstellt. Jede Prüfung findet zu einer festgelegten Zeit in einem dafür reservierten Raum statt. Sie bezieht sich immer auf einen Prüfer.

Eine Prüfung bezieht sich auf genau einen Vorlesungstyp. Für die Prüfung, die sich auf einen bestimmten Vorlesungstyp bezieht, kann als Teilnahmevoraussetzung das Bestehen von Prüfungen anderer Vorlesungstypen gefordert werden.

Studenten müssen sich beim Prüfungssekretariat mit einem Formular für die Prüfungen anmelden. In diesem Formular müssen Matrikelnummer, der Name des Studenten sowie die Nummern aller gewünschten Prüfungen eingetragen werden. Wenn das Prüfungssekretariat festgestellt hat, dass alle Teilnahmevoraussetzungen erfüllt sind, wird der Student in die entsprechenden Zulassungslisten eingetragen.

14 Tage vor jeder Prüfung erstellt das System automatisch eine Liste aller zugelassenen Studenten für den Prüfer. Außer den obigen Angaben enthält diese Liste Informationen über die Anzahl der Prüfungsversuche. Nach Durchführung der Prüfung trägt der Prüfer die Ergebnisse in diese Liste ein und gibt sie dem Prüfungssekretariat zurück, das die Angaben überprüft und eine Ergebnisliste mit Matrikelnummern und Noten veröffentlicht.

Jeder Student muss ein Praktikum nachweisen, welches bei einer Firma durchgeführt wurde.

Ein Student schließt sein Studium mit einer Diplomarbeit ab. Bei der Beantragung wird geprüft, ob er für alle Pflichtvorlesungen die Prüfungen bestanden hat. Nach Abschluss der Arbeit wird vom Betreuer die Note eingetragen.

Hinweis: Diese Aufgabe ist Grundlage für eine spätere Aufgabe (Klassendiagramm). Daher sind in der obigen Problemstellung bereits Informationen enthalten, die für die Lösung dieser Aufgabe noch nicht benötigt werden.

Aufgabe 3
Für die folgende Problembeschreibung ist der Anwendungsfall mittels Textschablone zu beschreiben.

Für eine Seminarverwaltung ist eine Anmeldung zu bearbeiten. Ist es ein neuer Kunde, dann sind seine Daten zu erfassen. Existiert der Kunde bereits, dann sind die Daten zu überprüfen und gegebenenfalls zu aktualisieren. Weiterhin ist zu prüfen, ob der Kunde bereits angemeldet ist, ob das gewünschte Seminar angeboten wird und ob noch ein Platz im Seminar frei ist. Wenn die Anmeldung durchgeführt werden kann, erhält der Kunde eine Anmeldebestätigung. Wenn kein Platz mehr frei ist oder das angegebene Seminar nicht angeboten wird, dann muss beim Kunden nachgefragt werden, ob ein alternatives Seminar in Frage kommt.

3.2   Aktivitätsdiagramme

Aktivitätsdiagramme stellen Aktivitäten mit einem nicht-trivialen Charakter dar. Die UML 2 spezifiziert die Aktivität als eine Menge von potentiellen Abläufen, die in der Realität unter bestimmten Randbedingungen ablaufen. Das Aktivitätsdiagramm als Graph mit gerichteten Kanten zeigt den Rahmen und die Regeln von Verhaltensabläufen auf detailliertem Niveau und umfasst Start- und Endpunkte, Verzweigungen, bestimmte Bedingungen und weitere Elemente. Ein einzelner konkreter Ablauf wird jedoch nicht aufgezeigt.

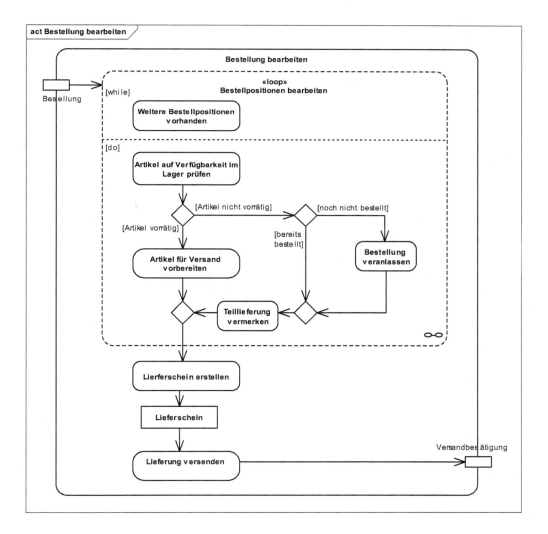

Abb. 3.8   *Beispiel für ein Aktivitätsdiagramm*

Das Aktivitätsdiagramm umfasst im Wesentlichen folgende Elemente:

- eine oder mehrere Aktivitäten
- Aktionen
- Objektknoten
- Kontrollelemente zur Ablaufsteuerung
- verbindende Kanten.

Die **Abb. 3.8** zeigt in einem Aktivitätsdiagramm die Anwendung einiger dieser Elemente. In diesem Diagramm sind mehrere unterschiedliche Abläufe denkbar, an denen verschiedene Aktionen beteiligt sind. Die Gesamtheit aller Abläufe wird – wie bereits erwähnt – als Aktivität bezeichnet. Die grundlegenden Diagrammelemente werden ab Kapitel 3.2.2 vorgestellt, zunächst ist jedoch ein wesentliches Grundkonzept der Aktivitätsdiagramme zu erläutern.

3.2.1   Das Tokenkonzept

Zur Abbildung komplexer Abläufe in Diagrammen ist die Kombination verschiedener Basiskonzepte notwendig. Aktivitäten nutzen dazu bewährte Mittel aus anderen Diagrammsprachen und der Graphentheorie. Die Autoren der UML haben seit der Einführung der UML 0.8 im Jahre 1995 die Aktivitätsdiagramme schrittweise ergänzt. Insbesondere im Rahmen der „radikalen" Überarbeitung in der UML 2 wurden die Aktivitätsdiagramme um Strukturen höherer Programmiersprachen wie Kontrollstrukturen, parallele Ablaufsteuerung und die Behandlung von Ausnahmen (engl. exceptions) erweitert. Um gerade die komplexen Verhältnisse von nebenläufigen Abläufen zu erklären wurde den Aktivitätsdiagrammen ein logisches Konzept hinterlegt, das aus den Petri-Netzen bekannt ist: das Konzept der Token.

Unter einem Token (auch Marke genannt) kann man sich am besten einen Staffelstab vorstellen, der logisch den Punkt anzeigt, an dem sich ein Ablauf zu einem bestimmten Zeitpunkt befindet. Die Wanderung eines Token durch eine Aktivität repräsentiert somit die Abarbeitung eines konkreten Ablaufs. In einer Aktivität können gleichzeitig beliebig viele Token unterwegs sein, beispielsweise bei parallelen Abläufen oder bei mehrfach instanziierten Abläufen.

Die nachfolgenden Abbildungen verdeutlichen, dass sich die wesentlichen Ablaufkonzepte der Aktivitätsdiagramme mit Token erklären lassen. Die dabei verwendeten Abbildungen zeigen dabei UML-Elemente, die später noch erläutert werden. Zur besseren Verständlichkeit sind die Token durch kleine Punkte symbolisiert. Dies ist nicht UML-konform, da Token in Aktivitätsdiagrammen grafisch nicht repräsentiert werden, sondern hier nur zur logischen Erläuterung dienen.

Abarbeitung von Aktionen

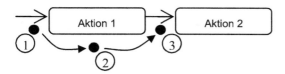

Abb. 3.9 *Token aktivieren Aktionen*

Token lösen einzelne Aktionen aus. Eine Aktion stellt einen Einzelschritt dar, den ein Ablauf unter Zeitaufwand durchschreitet. Vereinfacht gesehen startet eine Aktion dann, wenn ein Token auf der eingehenden Kante angeboten wird (1). Dieses Token wird anschließend von der Kante entfernt und für die Dauer der Aktion innerhalb der Aktion aufbewahrt (2). Ist der Ablauf abgeschlossen, wird der Token über die wegführende Kante der nächsten Aktion angeboten (3).

Verzweigung und Vereinigung
Da die wenigsten Abläufe geradlinig ablaufen, enthalten Aktivitätsdiagramme Notationselemente für Alternativabläufe (Ja/Nein-Entscheidungen, Mehrfachauswahl). Abhängig von dem Ergebnis einer Aktion (1) liegt das Token nur bei genau einer Folgeaktion an, für welche die Bedingung zutrifft (2), im Beispiel die Aktion 3 (3).

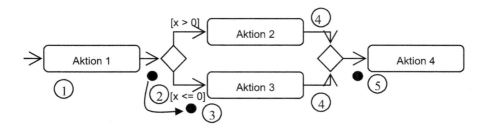

Abb. 3.10 *Tokenrouting*

Analog dazu lassen sich verschiedene Alternativzweige zu einem Zweig zusammenführen. Hierbei liegt das Token – egal von welcher Aktion (4) es ausgeht – immer bei der Folgeaktion (5) an.

Parallelbearbeitung und Synchronisation
Neben der Darstellung von Alternativabläufen ist auch die Aufteilung eines Ablaufs in nebenläufige Zweige möglich. Das Ausgangstoken (1) wird dabei am „Splitting-Knoten" (2) vervielfacht, sodass anschließend an jeder Folgeaktion (3) ein Token anliegt. In welcher zeitlichen Reihenfolge danach jedes Token abgearbeitet wird, hängt von der jeweiligen Anwendung ab. Nach der Aufteilung können die einzelnen Teilabläufe also unabhängig voneinander abgearbeitet werden.

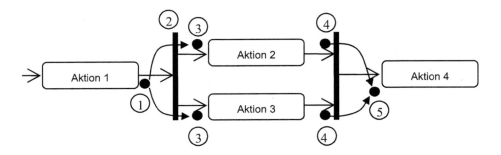

Abb. 3.11   *Tokenvervielfältigung und Tokenverschmelzung*

Bei der Zusammenführung paralleler Abläufe werden die Token so lange an den Synchronisationsknoten aufgesammelt, bis alle Token der jeweiligen Teilabläufe (4) angekommen sind. Danach werden sie wieder zu einem Token „verschmolzen" (5), welches dann bei der Folgeaktion anliegt.

3.2.2   Aktivitäten und Aktionen

Aktionen
Eine Aktion steht für den Aufruf eines Verhaltens oder die Bearbeitung von Daten. Eine Aktion wird innerhalb einer Aktivität nicht weiter zerlegt. Sie beschreibt einen Einzelschritt, der zur Realisierung des durch die Aktivität beschriebenen Verhaltens beiträgt. Die Summe aller Aktionen, einschließlich der Reihenfolge ihrer Ausführung und der zur Laufzeit erstellten und verwendeten Daten, realisiert die Aktivität.

Eine Aktion wird durch ein Rechteck mit abgerundeten Ecken symbolisiert, welches optional mit einem Namen oder einem ausführlichen Text für die Aktion versehen werden kann. Eine Aktion ist über Kanten mit anderen Elementen des Aktivitätsdiagramms verbunden.

Zusätzlich können Aktionen über Eingangs- und Ausgangsparameter verfügen, man spricht in diesem Fall von parametrisierten Aktionen. Die Eingangs- und Ausgangsparameter werden jeweils von Objektknoten repräsentiert.

Neben den bislang beschriebenen Aktionen gibt es Sonderformen, die sich mit dem Senden
und Empfangen von Ereignissen beschäftigen. Bei der SendSignalAction erstellt der Sender
aus seinen Eingabedaten das Signal, das an einen Ereignisempfänger gesendet wird. Das
Gegenstück zum Signalsendersymbol ist der Ereignisempfänger (AcceptEventAction).

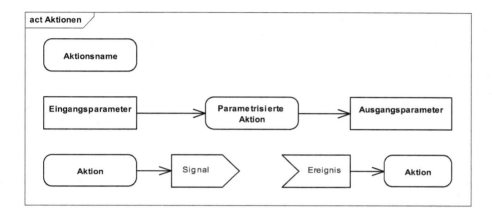

Abb. 3.12   *Unterschiedliche Aktionen*

Aktivitäten
Mit der UML 2 und ihrer grundlegenden Überarbeitung wurde zwar der Begriff der Aktivität
aus den früheren UML-Versionen übernommen, der Begriff wurde jedoch mit einer neuen
Bedeutung versehen. Was in früheren Versionen als Aktivität bezeichnet wurde, sind heute
Aktionen. Die Aktivität bezeichnet daher die gesamte Einheit, die in einem Aktivitätsmodell
modelliert wird.

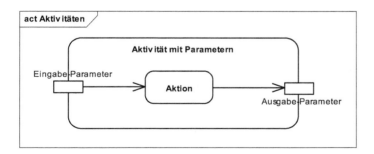

Abb. 3.13   *Aktivität mit Eingabe- und Ausgabe-Parametern*

Da jede Aktion den Aufruf eines Ablaufs darstellt, der jederzeit wieder als Aktivität darstellbar ist, können Aktivitäten ineinander verschachtelt sein. Zusätzlich ist es möglich, einer Aktivität Parameter in Form von Objekten zu übergeben. Diese Parameter werden als Objektknoten an den Rändern der Aktivität modelliert und können Ein- und Ausgabeparameter für den Beginn und das Ende der Aktivität festlegen.

Objektknoten
Objektknoten innerhalb einer Aktivität repräsentieren am Ablauf beteiligte Daten. Dies können Daten eines bestimmten Typs sein, häufig eines primitiven Wertes oder Objekte von Klassen. Sie können jedoch auch komplexere Datenstrukturen darstellen, die an einer Aktivität beteiligt sind oder von ihr erstellt werden. Ein Objektknoten sollte daher nicht mit der Instanz verwechselt werden, die er repräsentiert. Der Objektknoten ist kein Objekt im Sinne einer Klasseninstanz. Er ist daher eher als logischer Stellvertreter der möglichen Ausprägung der Daten zu betrachten. Objektknoten werden als Rechtecke im Aktivitätsdiagramm dargestellt. Die bereits vorgestellten Eingabe- und Ausgabeparameter von Aktivitäten und Aktionen stellen solche Objektknoten dar. Aber auch innerhalb der Aktivität können Objektknoten verwendet werden. Diese bieten sich immer dann, wenn Daten verändert, für eine Aktion benötigt oder durch eine Aktion erstellt werden. Um den Zusammenhang zwischen einer Aktion und einem Objektknoten als Eingabe- bzw. Ausgabeparameter der Aktion zu verdeutlichen, kann die sogenannte Pin-Notation verwendet werden. Dabei können Aktionen mit einem oder mehreren Eingangs- (Input-) bzw. Ausgangs- (Output-) Pins versehen werden.

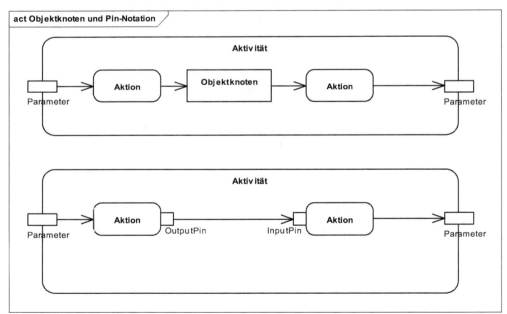

Abb. 3.14 *Objektknoten als Eingangs- und Ausgangsparameter*

Sie stellen Objektknoten dar, die direkt an die Aktion angeheftet sind. Die Pins werden mit Namen versehen, welche die Objekte bzw. deren Typ repräsentieren. Ein Objektknoten, der gleichzeitig Ausgangs- und Eingangsparameter ist, kann auch ohne die Pin-Notation dargestellt werden. Dazu müssen die Parameter jedoch den gleichen Namen und Typ besitzen.

Um auszudrücken, dass sich die Objekte eines Objektknotens zur Laufzeit in einem bestimmten Zustand befinden, kann dieser Zustand in eckigen Klammern unter dem Namen des Objekts notiert werden. Der Objektknoten repräsentiert dann nur Instanzen, die vom Typ des Objektknotens sind und sich in diesem Zustand befinden.

Kanten
Als Kanten werden die Übergänge zwischen zwei Knoten (z.B. Aktionen, Objektknoten) bezeichnet. Die Kanten sind immer gerichtet und können zum besseren Verständnis auch mit einem Namen gekennzeichnet werden. Kanten werden in zwei Arten unterteilt:

* Kontrollfluss und
* Objektfluss.

Ein Kontrollfluss beschreibt eine Kante zwischen zwei Aktionen oder zwischen einer Aktion und einem Kontrollelement. An einer Objektflusskante ist immer mindestens ein Objektknoten beteiligt.

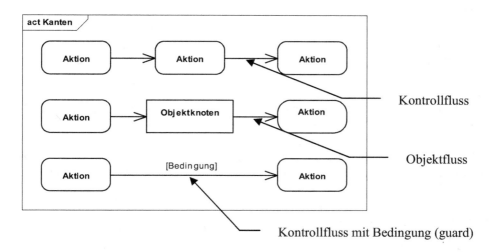

Abb. 3.15 *Unterschiedliche Kanten (Kontrollfluss und Objektfluss)*

Bedingungen

Neben der Benennung von Kanten mit einem Namen können diese auch mit Bedingungen (engl. guards) belegt werden. Ein Übergang über diese Kante ist dann nur möglich, wenn die Bedingung erfüllt ist. Eine solche Bedingung wird häufig in natürlicher Sprache formuliert, es ist aber auch eine Formulierung in einer strukturierten Sprache wie der OCL (Object Constraint Language) möglich. Die Bedingung wird in eckigen Klammern formuliert.

Bedingungen werden häufig in Verbindung mit Verzweigungsknoten verwendet, um zu bestimmen, in welche Richtung der Ablauf fortgesetzt wird. Grundsätzlich kann aber eine Bedingung an jeder Kante notiert werden. Dies birgt jedoch die Gefahr, dass der Ablauf an dieser Stelle einfriert und nie mehr fortgesetzt wird, wenn die Bedingung nicht erfüllt werden kann.

3.2.3   Kontrollknoten und strukturierte Knoten

Kontrollknoten

Zwischen den Aktionen oder auch Objektknoten befinden sich bei nicht-trivialen Abläufen Kontrollknoten zur Flusssteuerung des Ablaufs. Sie geben die Entscheidungsregeln vor, wann und in welcher Reihenfolge die einzelnen Aktionen durchgeführt bzw. Objektknoten verändert werden. Durch Kontrollknoten lassen sich Abläufe parallelisieren und synchronisieren, verzweigen und zusammenführen sowie asynchron unter- bzw. abbrechen.

Die Kontrollknoten zur Verzweigung und Vereinigung sowie zur Parallelisierung und Synchronisation wurden bereits in Kapitel 3.2.1 bei der Erläuterung des Tokenkonzepts vorgestellt.

Der Verzweigungs- oder Entscheidungsknoten ist ein Kontrollknoten, bei dem der Kontrollfluss in Abhängigkeit von Bedingungen verzweigt. Er wird durch eine Raute mit einer Eingangskante und mehreren Ausgangskanten dargestellt. Die Bedingungen werden nicht im Kontrollknoten, sondern an den Kanten notiert. Hierbei ist es möglich, dass mehrere Bedingungen erfüllt sind. In diesem Fall findet analog zum Splittingknoten eine Verzweigung in mehrere Teilabläufe statt (Tokenvervielfältigung).

Der Vereinigungsknoten wird ebenfalls als Raute notiert. Er verfügt jedoch über mehrere eingehende Kanten und eine ausgehende Kante. Hierbei ist es egal, an welcher der eingehenden Kanten ein Token anliegt. Die eingehenden Kanten sind logisch mit ODER verknüpft.

Achtung! Grundsätzlich ist es in der UML auch möglich, dass mehrere eingehende Kanten direkt auf eine Aktion führen. In der UML 2 sind diese Kanten mit einer UND-Verknüpfung versehen. Das bedeutet, dass die Aktion nur dann ausgeführt wird, wenn an <u>allen</u> eingehenden Kanten ein Token anliegt. Dies ist ein wesentlicher Unterschied zur UML 1.x, bei der diese Modellierung analog zum Vereinigungsknoten mit ODER verknüpft war. Ursprünglich in UML 1.x erstellte Aktivitätsdiagramme können also in der UML 2 eine signifikante inhaltliche Veränderung erfahren.

Bei einem Parallelisierungsknoten (engl. splitting node) verzweigt der Kontrollfluss im Aktivitätsdiagramm in mehrere, aus fachlicher Sicht parallele Pfade. Dabei können diese Pfade quasi parallel oder in beliebiger Reihenfolge ausgeführt werden. Der Parallelisierungsknoten verfügt über eine eingehende Kante sowie zwei oder mehrere ausgehende Kanten. Die Kontrollflüsse werden mit einem Synchronisationsknoten (engl. join node) wieder zusammengeführt. Dieser besitzt dementsprechend mehrere eingehende und eine ausgehende Kante.

Als die letzten Kontrollelemente der Aktivitätsdiagramme fehlen an dieser Stelle noch die Kontrollknoten für den Start einer Aktivität, der Startknoten, sowie die Kontrollknoten für die Beendigung einer kompletten Aktivität bzw. eines einzelnen Teilablaufs, die beiden Endknoten.

Abb. 3.16 fasst die unterschiedlichen Kontrollknoten nochmals zusammen.

● Startknoten

⊙ Endknoten, der die gesamte Aktivität beendet

⊗ Endknoten, der einen einzelnen Teilablauf beendet

Parallelisierungs- und Synchronisationsknoten

Verzweigungs- und Verbindungsknoten

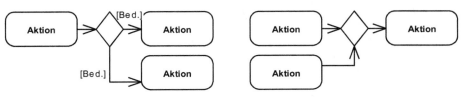

Abb. 3.16   Kontrollknoten in Aktivitätsdiagrammen

Strukturierte Knoten

Seit der UML 2 verfügen die Aktivitätsdiagramme über die Modellelemente der strukturierten Knoten. Diese ermöglichen die Darstellungen von Ablaufstrukturen, wie sie in höheren Programmiersprachen vorkommen: Schleifenkonstrukte oder auch die Darstellung von Unterbrechungen.

Auf die Darstellung der verschiedenen Ausprägungen der strukturierten Knoten wird an dieser Stelle verzichtet. Diese kann der UML Spezifikation [12] oder auch Jeckle [9] entnommen werden. Ein Beispiel für die Modellierung der mehrfachen bedingten Wiederholung einer Aktionssequenz (Schleife) kann dem einführenden Beispiel zu den Aktivitätsdiagrammen aus **Abb. 3.8** entnommen werden.

Die Besonderheit unter den strukturierten Knoten stellt der Unterbrechungsbereich dar. Er umschließt eine oder mehrere Aktionen, welche in ihrem Ablauf durch ein Ereignis unterbrochen werden können. Neben den normalen Kanten enthält der Bereich zusätzlich eine Unterbrechungskante, symbolisiert durch einen blitzförmigen Pfeil, der innerhalb des Bereichs beginnt und außerhalb des Bereichs endet. Wird der Bereich über die Unterbrechungskante verlassen, so werden sämtliche in dem Bereich ausgeführten Aktionen bzw. Abläufe abgebrochen. Der Ablauf der Aktivität setzt sich am Zielknoten der Unterbrechungskante fort.

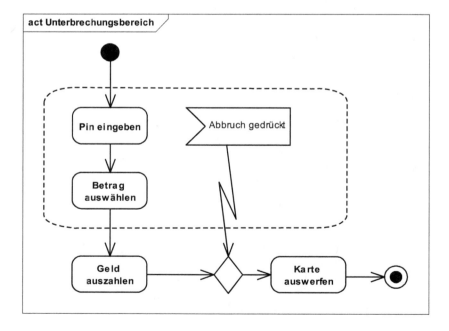

Abb. 3.17 *Modellierung eines Unterbrechungsbereichs*

3.2.4 Aktivitätsbereiche

Bei der Modellierung von Anwendungsfällen und Arbeitsabläufen ist es häufig von Bedeutung, welche organisatorische Einheit für bestimme Verarbeitungsschritte verantwortlich ist. Die UML ermöglicht es, die Verarbeitungsschritte eines Aktivitätsdiagramms zu gruppieren. Diese Gruppen werden Aktivitätsbereiche (activity partitions) genannt. In **Abb. 3.18** werden die ersten beiden Aktionen innerhalb des Aktivitätsbereichs „Verkauf" und die Aktion „Kreditkarte belasten" innerhalb des Bereichs „Buchhaltung" durchgeführt.

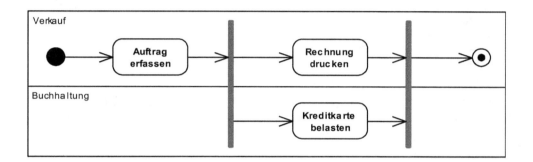

Abb. 3.18 *Modellierung von Aktivitätsbereichen*

3.2.5 Checkliste Aktivitätsdiagramme

Folgende Fragestellungen sind bei der Erstellung von Aktivitätsdiagrammen hilfreich:

- Welches Ereignis oder welche Eingabedaten lösen die Verarbeitung aus?
- Welche Voraussetzungen (Vorbedingungen) müssen erfüllt sein, damit der zugehörige Anwendungsfall ausgeführt werden kann?
- Wie sieht der Standardfall aus?
- Welches Ziel soll im Erfolgsfall erreicht werden?
- In welcher Reihenfolge sollen die Aktionen ausgeführt werden?
- Gibt es Aktionen, die nur unter bestimmten Voraussetzungen ausgeführt werden?
- Können Aktionen parallel ausgeführt werden?
- Gibt es Aktionen deren zeitliche Reihenfolge fachlich irrelevant ist oder nicht vorhergesagt werden kann?
- Sollen Aktivitätsbereiche modelliert werden? Wenn ja, sollten die wichtigsten Aktionen im obersten Bereich modelliert werden.

3.2.6   Aufgaben

Aufgabe 1

Modellieren Sie für den Anwendungsfall „Überweisung am Automaten durchführen" aus
Abb. 3.5 *ein Aktivitätsdiagramm. Modellieren Sie hierbei auch mögliche Sonderfälle bzw.*
alternative Abläufe.

Aufgabe 2

Erstellen Sie für den Anwendungsfall „Seminaranmeldung" aus Kapitel 3.1.5, Aufgabe 3 ein
Aktivitätsdiagramm.

Aufgabe 3

Identifizieren Sie aus der nachfolgend beschriebenen Problemstellung mögliche Anwen-
dungsfälle. Erstellen Sie für den Anwendungsfall „Reservierung eines Kfz" ein Aktivitätsdia-
gramm. Welche Aktivitäten können parallel ausgeführt werden? Welche Objekte sind betei-
ligt und was sind denkbare Zustände für diese Objekte?

Sie möchten mit einem Mietwagen am 11. Mai von Hamburg nach Bremen fahren. Fahrtbe-
ginn soll 12 Uhr sein, das Fahrzeug möchten Sie gegen 23 Uhr in Bremen zurückgeben. Sie
bevorzugen große Autos und benötigen ein Autotelefon. Sie erkundigen sich bei der Autovermietung FunCar nach entsprechenden Fahrzeugen und reservieren ein Fahrzeug. Sie ho-
len das Fahrzeug am vereinbarten Tag kurz nach 12 Uhr in Hamburg am Flughafen ab. Sie
bringen das Auto am gleichen Tag um 15:30 Uhr in Bremen zurück.

3.3   Klassen- und Objektdiagramme

Innerhalb der Aktivitätsdiagramme sind erstmals Datenstrukturen als Objekte identifiziert
und verwendet worden. Aktivitäten oder einzelne Aktivitäten benötigen Daten als Eingangsparameter, verändern den Zustand vorhandener Objekte oder geben Objekte als Ausgangsparameter wieder zurück. Repräsentiert werden sie im Aktivitätsdiagramm als Objektknoten.

Somit liegen Informationen über die für eine Anwendung notwendigen Datenstrukturen vor.
Wie bereits erwähnt, repräsentieren die im Aktivitätsdiagramm modellierten Objektknoten
jedoch keine Klasseninstanz (vgl. S. 74). Vielmehr stehen sie häufig stellvertretend für kom-
plexere Datenstrukturen. So kann innerhalb eines Aktivitätsdiagramms für einen Online-
Shop eine Bestellung als Objektknoten modelliert sein. Konkret wird sich hinter diesem
Objektknoten jedoch eine wesentlich komplexere Datenstruktur mit einzelnen Daten zum
Auftraggeber, den enthaltenen Bestellpositionen und den bestellten Artikeln beinhalten.

Der nächste Schritt innerhalb der Objektorientierten Analyse besteht in der Erstellung des statischen Modells. Bestandteile des statischen Modells sind Paketdiagramme, Klassendiagramme sowie Objektdiagramme. Diese wurden mit den hierfür vorhandenen Diagrammelementen der UML bereits in den einleitenden Kapiteln zur Objektorientierung vorgestellt. Die nachfolgenden Kapitel geben Hinweise zur weiteren Vorgehensweise und beschreiben Wege zu guten Klassendiagrammen.

3.3.1 Pakete – die Einteilung in Subsysteme

Der erste Schritt auf dem Weg zum statischen Modell besteht darin, Teilsysteme zu identifizieren und zu Paketen zusammenzufassen. Gerade bei der Entwicklung von großen Systemen, die im Allgemeinen durch mehrere Teams bearbeitet werden, muss die Bildung von Paketen am Anfang stehen. Diese Pakete fassen unterschiedliche Modellelemente und Diagramme zusammen. Hierbei orientiert sich die Benennung der Pakete in der Analyse an der fachlichen Bezeichnung der Teilsysteme. Umfangreiche Pakete sind in weitere Pakete zu zerlegen.

Während bei kleineren Systemen ganz auf die Bildung von Paketen verzichtet werden kann, sollte bei Systemen mittlerer Größenordnung nach der Erstellung der Anwendungsfälle und der Aktivitätsdiagramme oder spätestens nach der statischen Modellierung mit der Unterteilung in Pakete bzw. Teilsysteme begonnen werden.

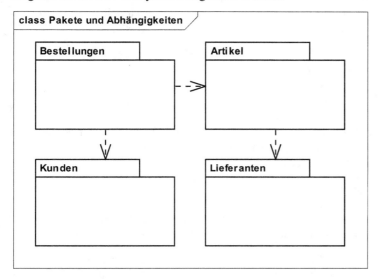

Abb. 3.19 Paketdiagramm mit Abhängigkeiten

Die gebildeten Pakete können in Form von Paketdiagrammen modelliert werden, wobei auch Abhängigkeiten zwischen den Paketen eingezeichnet werden können. In **Abb. 3.19** ist ersichtlich, dass Abhängigkeiten zwischen den Paketen Bestellung und Artikel, Bestellung und

Kunde sowie Artikel und Lieferant bestehen. Diese Abhängigkeiten können sich auf benötigte Informationen oder auch notwendige Funktionalitäten aus den jeweiligen Paketen beziehen. Grundsätzlich ist darauf zu achten, dass die Abhängigkeiten zwischen Paketen stets einen gerichteten Graphen ergeben. Abhängigkeiten zwischen Paketen bzw. Teilsystemen sollten daher so früh wie möglich identifiziert und auch über die Modellierung im Paketdiagramm festgehalten werden.

Ganz allgemein sollten Pakete einen in sich abgeschlossenen Themenbereich umfassen, der für sich allein betrachtet und verstanden werden kann oder das Verständnis kann mit minimalen Bezügen zu anderen Paketen erreicht werden.

Ein in sich abgeschlossenes Paket besteht darüber hinaus nicht einfach aus einer Menge von Modellelementen, sondern es ermöglicht eine Betrachtung des Systems auf höherer Abstraktionsebene. Es muss daher Anwendungsfälle und Klassen zusammenfassen, die dem gleichen Themenbereich angehören. In sich abgeschlossene Pakete unterstützen zudem die Arbeitsteilung, denn jedes Paket bildet eine mögliche Arbeitseinheit für ein Team. Um die Abgeschlossenheit zu erreichen, sollten Vererbungsstrukturen möglichst innerhalb eines Pakets liegen.

Die Bezeichnung des Pakets soll auf einem höheren Abstraktionsniveau beschreiben, was der Inhalt des Pakets ist.

Damit die Betrachtung des Systems mittels Paketen auf höherer Abstraktionsebene möglich ist, sollten die Pakete nicht zu klein sein. Ansonsten entsteht ein Modell, welches schwer lesbar (weil zerstückelt) ist und eine nicht vorhandene Komplexität vortäuscht.

3.3.2   Schritte zum statischen Modell

Nach der Beschreibung der Anwendungsfälle, der Erstellung der Aktivitätsdiagramme und der Einteilung des Systems in Teilsysteme (Pakete) ist nun für den nächsten Entwicklungsschritt das Klassendiagramm zu erstellen. Dieses statische Modell enthält außer den Klassen deren Attribute sowie Assoziationen und Vererbungsstrukturen. Die Operationen werden erst nach Erstellung des dynamischen Modells hinzugefügt.

Je nach Komplexität des Systems kann es sinnvoll sein, anstelle eines globalen Klassendiagramms für jedes Teilsystem (Paket) oder für jeden Anwendungsfall (oder Gruppe von Anwendungsfällen) ein separates Klassendiagramm zu erstellen. Hierbei repräsentiert jedes Klassendiagramm eine bestimmte Sicht auf das Gesamtsystem.

Die Ausgangsbasis für das Identifizieren von Klassen bilden die Beschreibungen der Anwendungsfälle. In vielen Fällen existieren zusätzlich für einen Arbeitsablauf Formulare, Listen und andere Dokumente. Handelt es sich um Re-Engineering eines alten Softwaresystems, dann existieren auch Benutzerhandbücher, Bildschirmmasken und Dateibeschreibungen.

Besonders einfach lassen sich Klassen mit Hilfe der Dokumentenanalyse ermitteln. Die Dokumente enthalten Attribute, die mittels bottom-up-Vorgehen zu Klassen zusammengefasst werden. Der Klassenname ergibt sich aus der Gesamtheit der Attribute. Zusätzlich können aus den Dokumenten auch Assoziationen, also Beziehungen zwischen den Klassen, ermittelt werden. Aus dem nachfolgenden Formular zur Seminaranmeldung (**Abb. 3.20**) lassen sich die Klassen Teilnehmer, Seminar und Rechnungsempfänger ableiten.

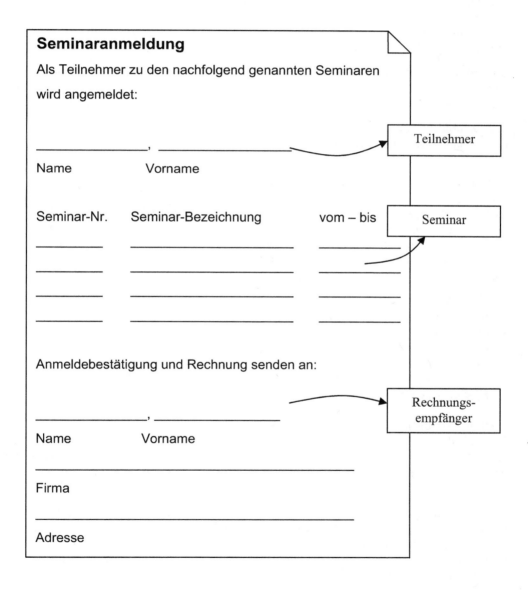

Abb. 3.20 *Beispiel zur Dokumentenanalyse*

Ergänzend zur Dokumentenanalyse lassen sich aus den Beschreibungen der Anwendungsfälle mittels top-down-Vorgehen Klassen ableiten. Oft sind die Substantive potentielle Klassen. Ebenso kann sich eine Klasse hinter mehreren Verben verbergen. Oder die Klasse lässt sich anhand der identifizierten Attribute bestimmen.

Innerhalb der Einführung in die Objektorientierung und den Begriff der Klasse wurden bereits weitere Verfahren vorgestellt, die bei der Identifizierung von Klassen helfen. Durch die Anwendung der verschiedenen Verfahren auf der Basis der Anwendungsfallbeschreibungen und der Aktivitätsdiagramme entsteht so ein erster Entwurf des statischen Klassenmodells.

Die Vervollständigung dieses Modells hinsichtlich der Attribute sowie die Identifikation von Assoziationen und Vererbungsbeziehungen stellen den nächsten Schritt in der Verfeinerung der Analyseergebnisse dar.

Die nachfolgenden Kapitel sollen dabei helfen, dieses statische Klassenmodell zu verbessern und verschiedene Modellierungsmöglichkeiten zu bewerten.

3.3.3   Assoziationen korrekt beschreiben

Zwischen den einzelnen Klassen bestehen Beziehungen unterschiedlicher Arten. Nachdem in einem ersten Schritt der Modellerstellung die Beziehungen häufig einfach als Assoziationen ohne weiter spezifizierte Eigenschaften modelliert wurden, folgt nun die Bestimmung der weiteren Eigenschaften der Beziehungen. Folgende Eigenschaften sollten dabei so exakt wie möglich bestimmt werden:

- die Kardinalität der Beziehung: Wie viele Objekte der bezogenen Klasse kennt ein Objekt der Klasse? Handelt es sich um eine Muss- oder Kann-Beziehung?
- der Rollenname: Welche Bedeutung hat die bezogene Klasse in der Beziehung?
- der Typ der Beziehung: Handelt es sich um eine Assoziation, Aggregation oder Komposition?
- die Navigierbarkeit / Richtung der Beziehungen: Kennen sich Objekte der beteiligten Klassen gegenseitig oder nur in eine Richtung?

Wichtig: der Beziehungstyp
Im Besonderen bei der Bestimmung des Typs der Beziehung muss auf die Bedeutung der entsprechenden Modellierung geachtet werden. Bei Aggregationen und Kompositionen liegen jeweils Ganzes-zu-Teile-Beziehungen vor, jedoch mit sehr unterschiedlichen Bedeutungen.

Bei einer Aggregation kann ein Teil-Objekt neben einer Aggregat-Klasse auch anderen Aggregat-Klassen zugeordnet werden. Dies lässt sich am besten mit einem Bauteil vergleichen, welches nicht nur als Bestandteil eines Produkts, sondern auch in anderen Produkten eingebaut werden kann. Hier ist die Aggregat-Klasse nur für die Verwaltung der Beziehungen zu seinen Teilen verantwortlich.

Bei einer Komposition ist das Teil-Objekt existentiell abhängig von der Aggregat-Klasse. Als Beispiel lässt sich eine Bestellung mit ihren zugehörigen Bestellpositionen heranziehen.

Wird eine Bestellung gelöscht, dann müssen auch alle Bestellpositionen zu dieser Bestellung ebenfalls gelöscht werden. Hier hat die Aggregat-Klasse neben der Verwaltung der Beziehungen zu den Teilen auch die Verantwortung für den Lebenszyklus der Teile. Sie ist somit auch für das Erzeugen neuer Teil-Objekte sowie das Löschen von Teil-Objekten verantwortlich. Dies bedeutet auch in der späteren Implementierung der Klassen einen größeren Programmier- und Testaufwand.

Grundsätzlich ist die Aggregation von den beiden Beziehungsarten die seltener auftretende Art. Wesentlich häufiger liegt entweder eine normale Assoziation oder eine Komposition vor.

Wer kennt wen? Die Beziehungsrichtung
Ebenso wichtig wie der grundsätzliche Beziehungstyp, die Kardinalität oder der Rollenname ist die Beziehungsrichtung. Sie gibt an, in welche Richtungen die Beziehung zwischen zwei Klassen besteht. Natürlich kennt die Klasse Person ihre Adresse. Ist es aber notwendig, dass zur Adresse jede zugehörige Person ermittelt werden kann? Dies wird in vielen Anwendungen nicht notwendigerweise der Fall sein. Trotzdem werden sich in vielen Klassendiagrammen Beziehungen dieser Art ohne die Angabe einer Richtung wiederfinden. Aus diesem Grund ist auch die Beziehungsrichtung als wesentliche zu spezifizierende Eigenschaft jeder Beziehung zu betrachten.

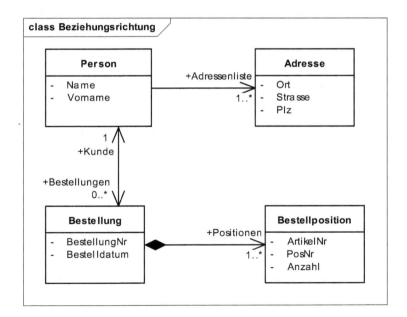

Abb. 3.21   Eindeutige Beziehungsrichtungen

Der Hintergrund ist, dass in der Analyse alle Beziehungen inhärent bidirektional sind. Man sieht es einer solchen Beziehung jedoch nicht an, ob sie nun bidirektional navigierbar oder einfach nur unspezifiziert ist. Eine bidirektionale Beziehung kann jedoch auch explizit durch die Kennzeichnung der Beziehung mit einem Pfeil an beiden Enden spezifiziert werden. Diese explizite Modellierung für den Fall einer tatsächlichen bidirektionalen Beziehung ist der normalen Beziehung vorzuziehen (vgl. **Abb. 3.21**). Idealerweise kommen in einem Modell somit nur unidirektionale und bidirektionale Beziehungen vor.

3.3.4   Strukturstarke vs. strukturschwache Modellierung

Ebenso häufig wie unzureichend spezifizierte Beziehungen werden in Klassendiagrammen Konstrukte gewählt, die in ihrer Aussagekraft zwar den korrekten Sachverhalt darstellen, diesen aber häufig nur durch Zusicherungen, sogenannte Constraints, korrekt wiedergeben können.

Ein Constraint steht für eine Begrenzung oder Einschränkung hinsichtlich der modellierten Elemente und wird entweder in natürlicher oder formaler Sprache formuliert. Als formale Sprache steht bereits seit UML 1.1 die OCL (Object Constraint Language) als Bestandteil der UML zur Verfügung. Constraints stehen immer in einem Kontext zu einem oder mehreren Modellelementen. Sie werden als Notiz an die jeweiligen Elemente angehängt, der Text der Zusicherung wird in geschweiften Klammern geschrieben.

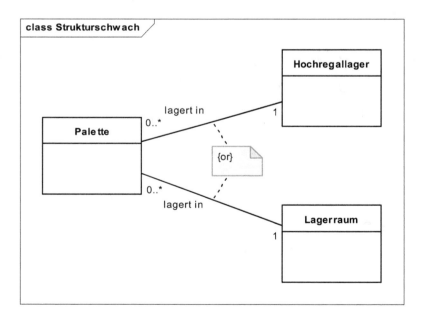

Abb. 3.22 Strukturschwache Modellierung

Das Klassendiagramm in **Abb. 3.22** modelliert die Beziehung einer Palette zu ihrem Lagerort. Die Einschränkung, dass die Palette entweder in einem Hochregallager oder in einem Lagerraum gelagert werden kann, wird durch einen {or}-Constraint an den modellierten Assoziationen spezifiziert.

Aufgrund seiner durch die gewählte Struktur unzureichenden Aussage des Modells spricht man in diesem Fall von einer strukturschwachen Modellierung. Eine strukturschwache Modellierung sollte möglichst vermieden werden und lässt sich häufig durch die Einführung weiterer Beziehungen oder anderer zusätzlicher Modellkonstrukte vermeiden. Die notwendigen Constraints werden hierdurch oft überflüssig. Die im Beispiel getätigte Aussage bezüglich der Palette und ihres Lagerorts lässt sich wesentlich besser durch die Einführung einer abstrakten Basisklasse „Lager" darstellen. In **Abb. 3.23** ist erkennbar, dass der Constraint überflüssig wurde. Durch die Nutzung der objektorientierten Eigenschaft der Polymorphie entfällt zudem eine Assoziation. Eine Palette kennt nun nur noch eine Beziehung zu einem abstrakten Lagerort, der entweder in der Ausprägung Lagerraum oder Hochregallager vorliegt. In diesem Fall spricht man von einer strukturstarken Modellierung, d h. die Struktur des Modells kann die fachliche Aussage korrekt wiedergeben.

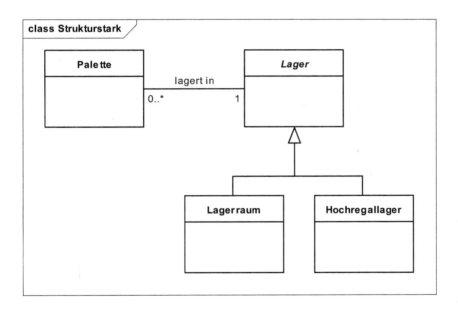

Abb. 3.23 *Strukturstarke Modellierung*

Eine strukturstarke Modellierung ist aus diesem Grund immer anzustreben. Sie muss jedoch nicht immer durch die Einführung von zusätzlichen Klassen und Vererbungsbeziehungen erreicht werden. Ebenso häufig ist es möglich, aufgrund zusätzlich oder alternativ modellierter Beziehungen eine Verbesserung der Modellstruktur zu erreichen.

3.3.5   Anwendung von Analysemustern

Grundsätzlich hat sich gezeigt, dass bei der Modellierung häufig ähnliche Problemstellungen vorkommen, für die sich bestimmte Lösungen bewährt haben. Im Sinne einer effizienten Softwareentwicklung ist es sinnvoll, diese bereits existierenden Problemlösungen wiederzu-verwenden.

Ganz allgemein gesehen ist ein Muster (engl. pattern) eine Idee, die sich in einem prakti-schen Kontext als nützlich erwiesen hat und es wahrscheinlich auch in anderen Kontexten sein wird (siehe Fowler [4]). Ein Analysemuster ist eine Gruppe von Klassen mit feststehen-den Verantwortlichkeiten und Interaktionen (siehe Coad [3]). Dies kann eine Gruppe von Klassen sein, die durch Beziehungen miteinander verknüpft sind, oder eine Gruppe von kommunizierenden Objekten.

Eine der wichtigsten Verwendungsmöglichkeiten der Muster ist die standardisierte Lösung bestimmter Probleme. Wie gut vorhandene Muster in neuen Projekten anwendbar sind, hängt sehr stark vom Anwendungsbereich ab. Prinzipiell lassen sich allgemeine Muster und an-wendungsspezifische Muster unterscheiden. Letztere bieten Problemlösungen für bestimmte fachliche Gesamtkontexte an, z.B. für Planungssysteme oder Warenwirtschaftssysteme.

Jedes Muster wird durch einen eindeutigen Namen identifiziert. Es wird durch ein oder meh-rere Beispiele erläutert, die skizzieren, für welche Problemstellung das Muster eine Lösung anbietet. Anschließend werden die typischen Eigenschaften dieses Musters aufgeführt.

Muster: Exemplartyp
Von einem Buch sind mehrere Exemplare zu verwalten. Würde diese Problemstellung durch eine einzige Klasse „Buch" modelliert, dann würden mehrere Objekte bei Titel, Autor und Verlag identische Attributwerte besitzen. Eine bessere Modellierung ergibt sich, wenn die gemeinsamen Attributwerte mehrerer Buchexemplare in einem neuen Objekt „Buchbe-schreibung" zusammengefasst werden (**Abb. 3.24**).

Die Eigenschaften des Musters sind:

- Es liegt eine einfache Assoziation vor, denn es besteht keine Ganzes-zu-Teile-Beziehung.
- Erstellte Objektverbindungen werden nicht verändert. Sie werden nur gelöscht, wenn das betreffende Exemplar entfernt wird.
- Der Name der neuen Klasse enthält oft Begriffe wie „Typ", „Gruppe", „Beschreibung" oder „Spezifikation".
- Eine Beschreibung kann zeitweise unabhängig von konkreten Exemplaren existieren. Daher ist die Kardinalität im allgemeinen 0..*.
- Würde auf die neue Klasse verzichtet, so würde als Nachteil lediglich die redundante Speicherung von Attributwerten auftreten.

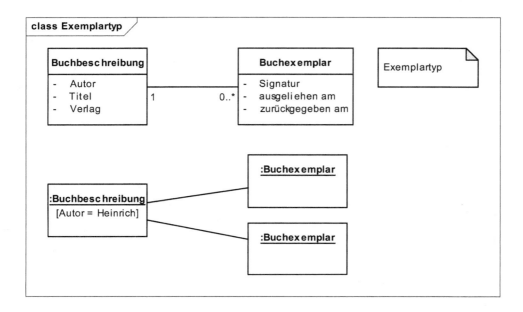

Abb. 3.24 *Beispiel für das Muster Exemplartyp*

Muster: Stückliste

Es soll modelliert werden, dass ein Verzeichnis Verknüpfungen, Dateien und weitere Verzeichnisse enthalten kann (**Abb. 3.25**). Dabei sollen sowohl das Verzeichnis und alle darin enthaltenen Objekte als Einheit als auch jedes dieser Objekte einzeln behandelt werden können. Wird beispielsweise das Verzeichnis kopiert, dann sollen alle darin enthalten Dateiobjekte kopiert werden. Wird das Verzeichnis gelöscht, dann werden auch alle seine Teile gelöscht. Ein Dateiobjekt kann jedoch vorher einem anderen Verzeichnis zugeordnet werden.

Ein Sonderfall liegt vor, wenn sich diese Enthaltensein-Beziehung auf gleichartige Objekte bezieht. Beispielsweise setzt sich jede Komponente aus mehreren Komponenten zusammen. Umgekehrt ist jede Komponente in einer oder keiner anderen Komponente enthalten.

Diese Problemstellung wird durch eine Komposition modelliert, wobei die verschiedenen Teil-Objekte durch eine Vererbung dargestellt werden. Zu beachten ist die 0..1-Kardinalität bei der Klasse „Verzeichnis". Eine 1-Kardinalität würde bedeuten, dass jedes Dateiobjekt – also auch jedes Verzeichnis – in einem anderen Verzeichnis enthalten sein müsste.

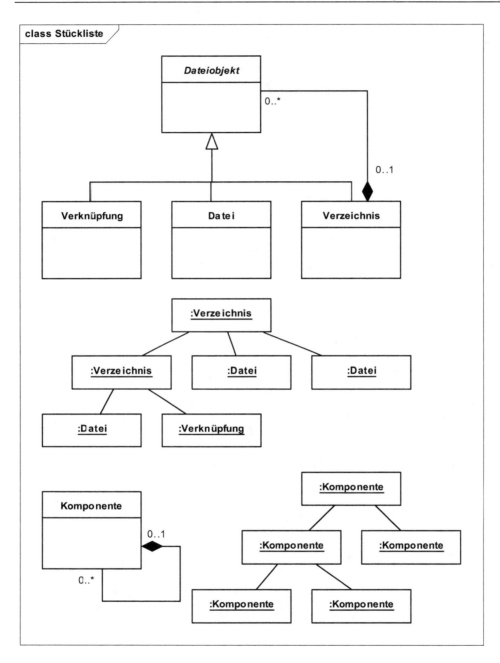

Abb. 3.25 *Beispiele für das Muster Stückliste*

Die Eigenschaften des Musters Stückliste sind:

- Es liegt eine Komposition vor.
- Das Aggregat-Objekt und seine Teil-Objekte müssen sowohl als Einheit als auch einzeln behandelt werden können.
- Teil-Objekte können anderen Aggregat-Objekten zugeordnet werden.
- Die Kardinalität bei der Aggregat-Klasse ist 0..1.
- Ein Objekt der Art A kann sich aus mehreren Objekten der Arten A, B und C zusammensetzen.
- Ein Sonderfall der Stückliste ist, dass ein Stück nicht aus Objekten unterschiedlicher Art, sondern nur aus einer einzigen Art besteht.

Weitere Analysemuster sind z.B. Liste, Baugruppe, Rollen, Wechselnde Rollen, Historie, Gruppe, Gruppenhistorie und sind beispielsweise in Balzert [1] beschrieben.

3.3.6   Checkliste Pakete und Statisches Modell

Die nachfolgende Checkliste gibt Anhaltspunkte zur Identifikation der Pakete und zeigt Schritte zur Erstellung des statischen Modells auf:

Checkliste Pakete
- Erstellen Sie ein oder mehrere Paketdiagramme, denen Sie Modellelemente zuordnen und spezifizieren Sie Abhängigkeiten zwischen den Paketen.
- Pakete durch top-down-Vorgehen ermitteln
  - Unterteilen Sie das Gesamtsystem in Teilsysteme (Pakete).
  - Zerlegen Sie umfangreiche Pakete in weitere Pakete.
- Pakete durch bottom-up-Vorgehen ermitteln
  - Fassen Sie Klassen unter einem Oberbegriff zusammen.
- Bildet ein Paket eine abgeschlossene Einheit?
  - Es enthält einen Themenbereich, der für sich allein betrachtet und verstanden werden kann.
  - Es erlaubt eine Betrachtung des Systems auf einer höheren Abstraktionsebene.
  - Vererbungsstrukturen liegen möglichst innerhalb eines Pakets.
- Ist der Paketname geeignet?
  - Beschreiben Sie den Inhalt des Pakets mit 25 Wörtern oder weniger.
  - Leiten Sie daraus den Namen ab.
- Mögliche Fehlerquelle
  - zu kleine Pakete.

Checkliste: Schritte zum Statischen Modell

1. Klassen identifizieren
   Identifizieren Sie für jede Klasse nur so viele Attribute und Operationen, wie für das Problemverständnis und das einwandfreie Identifizieren der Klasse notwendig sind.
2. Assoziationen identifizieren
   Tragen Sie zunächst nur die reinen Verbindungen ein, d.h. machen Sie noch keine genaueren Angaben zu Kardinalität oder Art der Assoziation
3. Attribute identifizieren
   Identifizieren Sie alle Attribute des Fachkonzepts.
4. Vererbungsstrukturen identifizieren
   Erstellen Sie aufgrund der identifizierten Attribute Vererbungsstrukturen. Beachten Sie, dass Vererbung stets der Erweiterung dienen und nicht überschreiben/löschen soll.
5. Assoziationen vervollständigen
   Treffen Sie die endgültige Festlegung, ob eine „normale" Assoziation, Aggregation oder Komposition vorliegt und spezifizieren Sie die Beziehungen vollständig mit Kardinalität, Rollenname, evtl. Beziehungsname und Constraints.
6. Attribute spezifizieren
   Erstellen Sie für alle identifizierten Attribute eine vollständige Spezifikation

3.3.7   Aufgaben

Aufgabe 1

Von den folgenden Klassen gehört jede zu einem Paket. Gruppieren Sie die aufgeführten Klassen in Pakete. Wählen Sie für jedes Paket einen aussagekräftigen Namen.

Artikel, Auftragsposition, Bestellartikel, Bestellposition, Bestellung an Lieferanten, Kunde, Kundenauftrag, Lager, Lagerartikel, Lagerplatz, Lagerverwalter, Lieferant, Lieferkondition

Aufgabe 2

*Nachfolgende Abbildung (**Abb. 3.26**) zeigt einen Ausschnitt aus einer Praktikumsliste. Für jeden Praktikumstermin wird eine solche Liste erstellt, in der jeweils eingetragen wird, welche Studenten erfolgreich teilgenommen haben.*

Identifizieren Sie alle Klassen und Assoziationen. Tragen Sie bei jeder Klasse diejenigen Attribute ein, die zur Identifikation geführt haben. Spezifizieren Sie die Assoziationen möglichst vollständig.

Praktikumsliste				
Vorlesung: 64822 Bezeichnung: Softwaretechnik Dozent: Prof. Dr. Huber			Gruppe: B Termin: 17.04.2008, 14:00 Uhr Raum: 4.6.09	
Projekt	Sprache	Student	Matr.Nr.	Teilnahme
Schach	C++	Müller Mayer	834834 873847	ok ok
Roboter	Java	Schmidt Schulz	938837 938939	ok fehlt

Abb. 3.26   Praktikumsliste

Aufgabe 3

Erstellen Sie ein Klassendiagramm für folgende Problemstellung.

Für Paletten ist eine Lagerverwaltung zu organisieren. Eine Palette kann in einem offenen Lager (z.B. eine große Lagerhalle) stehen. Für jedes offene Lager sind dessen Bezeichnung, der Standort, das Lagerprofil (z.B. Kühlung vorhanden) zu speichern. Eine Palette kann alternativ auf einem Stellplatz in einem Stellplatzlager gelagert werden. Für jeden Stellplatz, der mehrere Paletten aufnehmen kann, ist festzuhalten: Koordinaten und Angabe, ob er frei oder belegt ist. Für das Stellplatzlager sind prinzipiell die gleichen Informationen zu speichern wie für das offene Lager, jedoch bezieht sich das Lagerprofil immer auf einzelne Stellplätze. Paletten sollen auch ohne Zuordnung zu einem Lager erfasst werden.

Aufgabe 4

Aus der Aufgabe 2 aus Kapitel 3.1.5 ist das Klassendiagramm abzuleiten. Zusätzlich erhalten Sie als Systemanalytiker noch folgende zusätzliche Informationen:

- Für jeden Vorlesungstyp sind ein Kürzel, eine Bezeichnung und die Angabe, ob es eine Pflichtvorlesung ist, zu speichern.
- Für den Dozenten, der mehrere Vorlesungen durchführen kann, werden dessen Name, Fachgebiet und Telefon gespeichert.
- Für die Verwaltung der Räume müssen die Anzahl der Plätze und die Ausstattung angegeben werden. In einem Raum finden im Allgemeinen mehrere Vorlesungen statt.

- Für jede Prüfung werden das Datum, die Zeit und der Raum, in dem sie stattfindet, festgehalten. In einem Raum finden im Allgemeinen mehrere Prüfungen statt.
- Jeder Student bearbeitet am Ende seines Studiums genau eine Diplomarbeit, über die das Thema und das Datum der Abgabe gespeichert werden sollen. An einer Diplomarbeit können mehrere Studenten arbeiten, die alle am gleichen Tag abgeben müssen. Jede Diplomarbeit wird von genau einem Dozenten betreut, der im Allgemeinen mehrere Diplomarbeiten vergibt.
- Über die Firmen, die im Allgemeinen mehrere Studenten als Praktikanten beschäftigen, werden der Firmenname, die Anzahl der Mitarbeiter und die Branche gespeichert.

Aufgabe 5

Erstellen Sie anhand der folgenden Problemstellung ein Klassendiagramm sowie ein Objektdiagramm, welches eine beispielhafte Ausprägung des Klassendiagramms zeigt.

„Wir betrachten eine Bank und ihre Kunden. Eine Person wird Kunde, wenn sie ein Konto eröffnet. Ein Kunde kann beliebig viele weitere Konten eröffnen. Für jeden neuen Kunden werden dessen Name, Adresse und das Datum der ersten Kontoeröffnung erfasst. Bei der Kontoeröffnung muss der Kunde gleich eine erste Einzahlung vornehmen.

Wir unterscheiden Girokonten und Sparkonten. Girokonten dürfen bis zu einem bestimmten Betrag überzogen werden. Für jedes Konto wird ein individueller Habenzins, für Girokonten auch ein individueller Sollzins festgelegt; außerdem besitzt jedes Konto eine eindeutige Kontonummer. Für jedes Sparkonto wird die Art des Sparens – z.B. Festgeld – gespeichert.

Ein Kunde kann Beträge einzahlen und abheben. Des Weiteren werden Zinsen gutgeschrieben und bei Girokonten Überziehungszinsen abgebucht. Um die Zinsen zu berechnen, muss für jede Kontobewegung das Datum und der Betrag notiert werden. Die Gutschrift bzw. Abbuchung der Zinsen erfolgt bei den Sparkonten jährlich und bei den Girokonten quartalsweise.

Ein Kunde kann jedes seiner Konten wieder auflösen. Bei der Auflösung des letzten Kontos hört er auf, Kunde zu sein."

3.4 Zustandsautomaten

Mit den Zustandsautomaten wird primär eine weitere Möglichkeit gegeben, das Verhalten beliebiger Teile eines sogenannten Classifiers (z.B. einer Klasse, einer Komponente, eines Teilsystems) zu modellieren. Sie spezifizieren das Verhalten mittels Zuständen, die der Classifier einnehmen kann sowie Übergänge zwischen den Zuständen, die durch interne oder externe Ereignisse initiiert werden können. Zustandsautomaten tragen also zur Spezifikation des dynamischen Modells bei und beantworten die Frage: Wie verhält sich das System in einem bestimmten Zustand bei gewissen Ereignissen?

In einem Zustandsautomaten sind die verschiedenen Zustände, die ein verhaltenspezifischer Classifier einnehmen kann sowie die zum Erreichen dieser Zustände benötigten Ereignisse und die zu erfüllenden Bedingungen modelliert. Üblicherweise verwendet man Zustandsautomaten zur Visualisierung der nicht-trivialen Lebenszyklen einzelner Klassen oder Subsystemen. Zudem besteht auch die Möglichkeit, Anwendungsfälle über Zustandsautomaten zu beschreiben. Dies stellt neben der natürlichsprachlichen Beschreibung von Anwendungsfällen und der Modellierung über Aktivitätsdiagramme eine weitere gut lesbare und nachvollziehbare Darstellung des Verhaltens dar.

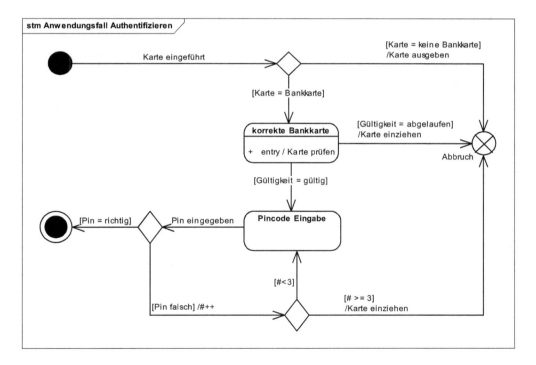

Abb. 3.27 *Zustandsautomat zu einem Anwendungsfall*

Der Zustandsautomat in **Abb. 3.27** zeigt die möglichen Zustände des Anwendungsfalls „Authentifizieren am Geldautomaten":

Nach dem Einführen der Karte wird diese auf Korrektheit geprüft und wieder ausgegeben, wenn es sich dabei um keine Bankkarte handelt. Abgelaufene Bankkarten werden eingezogen und der Vorgang abgebrochen. Nur mit einer gültigen Bankkarte lässt sich der Pincode eingeben. Nach der dritten Fehleingabe wird die Karte ebenfalls eingezogen. Ist der Pincode richtig, wird der Zustandsautomat über den Endzustand verlassen.

Im Folgenden werden nun die einzelnen Modellelemente des Zustandsautomaten dargestellt. Aufgrund der hohen Komplexität der einzelnen Elemente werden nur die wesentlichen Grundelemente beschrieben. Konzepte, die es erlauben, Parallelität oder die Verfeinerung von Zuständen zu modellieren, werden hier nicht behandelt.

3.4.1   Einsatz von Zustandsautomaten

In der objektorientierten Analyse kann der Zustandsautomat besonders effektiv eingesetzt werden, um den Lebenszyklus einer Klasse zu spezifizieren. Diese Modellbildung hilft bei der Identifikation von Operationen und unterstützt dabei, die Abhängigkeiten der Operationen in einer Klasse zu verstehen. Gleiches gilt auch auf einer höheren Abstraktionsebene, bei der mögliche Zustände von Teilsystemen oder Komponenten sowie die Operationen der dazugehörigen Schnittstellen identifiziert werden können.

Grundsätzlich werden Zustandsautomaten nur für wenige Klassen oder Teilsysteme modelliert. Dies ist abhängig von der Komplexität des jeweiligen Lebenszyklus und der Art des zu spezifizierenden Systems. Handelt es sich um ein übliches Informationssystem, werden nur wenig Klassen oder Teilsysteme einen nicht-trivialen Lebenszyklus aufweisen. Bei Echtzeitanwendungen nimmt ihre Anzahl deutlich zu.

Bei der Identifikation möglicher Zustände sollten zunächst die wichtigsten Informationen im Sinne eines Brainstormings notiert werden. Hierzu können tabellarisch alle Zustände, alle Ereignisse und alle Operationen einer Klasse notiert werden. Hierbei sollten die Ereignisse nicht als Botschaften formuliert werden, sondern umgangssprachlich („Was wirkt von außen auf das Objekt?").

Ausgangspunkt ist der Anfangszustand, d h. der Zustand, in dem sich das Objekt befindet, nachdem es erzeugt wurde. Ausgehend von diesem Anfangszustand werden weitere Zustände entwickelt. Hierbei wird jeder Zustand betrachtet und geprüft, durch welche Ereignisse er verlassen wird. In welche Folgezustände erfolgt ein Übergang? Zusätzlich kann ermittelt werden, wodurch ein Zustand definiert wird. Ist es das Vorliegen bestimmter Attributwerte oder bestehende Beziehungen zu anderen Objekten. Weiter ist zu prüfen, ob es Zustände gibt, aus denen keine Transition herausführt (Endzustände).

Nach der Identifikation der Zustände und Transitionen sind die Operationen einzutragen. Hierzu muss überlegt werden, welche der bereits identifizierten Operationen der Klasse ein zustandsabhängiges Verhalten besitzen. Operationen, die in jedem Zustand ausgeführt werden können, sind nicht einzutragen.

3.4.2 Checkliste Zustandsautomat

Folgende Checkliste fasst die in 3.4.1 beschriebenen Schritte nochmals zusammen und hilft bei der Überprüfung eines Zustandsautomaten:

1. Existiert ein nicht-trivialer Lebenszyklus?
   - Ein Objekt kann auf eine bestimmte Botschaft – in Abhängigkeit vom aktuellen Zustand – unterschiedlich reagieren.
   - Einige Operationen sind nur in bestimmten Situationen (Zuständen) auf ein Objekt anwendbar und werden sonst ignoriert.
2. Arbeitstechnik
   Tabelle erstellen: 1. Spalte Zustände, 2. Spalte Ereignisse, 3. Spalte Operationen
3. Identifikation der Zustände
   - Durch welche Ereignisse wird ein Zustand verlassen?
   - Welche Folgezustände treten auf?
   - Wodurch wird der Zustand definiert (Attributwerte, Objekt-Beziehungen)?
   - Gibt es Endzustände?
   - Welche Operationen besitzt das Objekt? Welche Operationen sind zustandsabhängig (eintragen), welche nicht (nicht eintragen)? Sind weitere Operationen notwendig?
4. Analytische Schritte
   - Ist der Zustandsname geeignet? Beschreibt er eine bestimmte Zeitspanne?
   - Ist der Objekt-Lebenszyklus konsistent mit der Liste der Operationen? Gibt es für jede Operation mindestens einen Zustand, in dem das Objekt auf die entsprechende Botschaft reagieren kann?
   - Sind alle Transitionen korrekt eingetragen? Ist jeder Zustand erreichbar? Kann jeder Zustand verlassen werden (Ausnahme Endzustände)? Sind die Transitionen eindeutig?

3.4.3 Aufgaben

Aufgabe 1

Erstellen Sie anhand der nachfolgenden Problembeschreibung einen Zustandsautomaten für die Klasse Buch und identifizieren Sie die Operationen der Klasse Buch.

Wenn in einer Bibliothek ein Buch beschafft wird, dann werden seine Daten erfasst und ein neues Objekt der Klasse Buch erzeugt. Der Einfachheit halber gebe es von jedem Buch nur ein einziges Exemplar.

Jedes Buch kann ausgeliehen werden. Wird ein ausgeliehenes Buch von einem anderen Leser gewünscht, dann muss es vorbestellt werden. Nicht vorbestellte Bücher stehen nach der Rückgabe sofort für eine erneute Ausleihe bereit. Vorbestellte Bücher werden nach der Ausleihe für den entsprechenden Leser zur Abholung bereitgelegt und der Leser wird informiert.

Wird das Buch nicht fristgemäß abgeholt, dann steht es für eine neue Ausleihe bereit. Defekte Bücher oder Bücher, die nicht zurückgegeben wurden, werden aus dem Bestand entfernt.

Wenn ein neues Buch im System gespeichert wird, dann befindet es sich zunächst im Zustand „präsent".

Aufgabe 2

Modellieren Sie einen Zustandsautomaten für die nachfolgend beschriebene Stoppuhr.

Eine Stoppuhr besitzt zwei Druckknöpfe, die nicht gleichzeitig gedrückt werden können. Die Uhr zeigt zunächst Null an (Nullmodus). Ausgehend vom Nullmodus wird die Stoppuhr durch Drücken von Knopf 1 gestartet, wobei die laufende Zeit angezeigt wird.

Ein erneutes Drücken von Knopf 1 hält die Stoppuhr an (Anzeige der gemessenen Zeit). Mit einem weiteren Druck auf Knopf 1 kommt man in den Nullmodus zurück. Wird bei laufender Stoppuhr Knopf 2 gedrückt, so erfolgt die Anzeige der Zwischenzeit, wobei die Uhr im Hintergrund weiter läuft. Auf ein nochmaliges Drücken von Knopf 2 erfolgt die Anzeige der laufenden Zeit.

3.5   User Interface Design

Sobald ein erster Entwurf des OOA-Modells mit Anwendungsfällen, Aktivitätsdiagrammen, Klassendiagrammen und ggf. Zustandsautomaten vorliegt, kann mit der Erstellung eines Prototypen für die Benutzungsoberfläche des Systems begonnen werden. Wenngleich die technische Implementierung der Benutzungsoberflächen mit objektorientierten Sprachen geschieht und auch die Benutzerführung sich häufig an objektorientierten Konzepten orientiert, ist dieser Arbeitsschritt kein klassischer Schritt in der objektorientierten Analyse. Trotzdem sollte mit dem Entwurf der Benutzungsschnittstelle so früh wie möglich begonnen werden. Für viele Endanwender der Anwendungssysteme trägt dieser Schritt wesentlich zum Verständnis der Anwendung bei und vermittelt ihnen ein Gefühl für das spätere System.

Ein GUI (graphical user interface) ist eine grafische Benutzungsoberfläche und besteht aus einer Dialogkomponente (Abläufe) und einer E/A-Komponente (Gestaltung der Informationsdarstellung). Das GUI-System ist das Softwaresystem, das diese grafische Benutzungsoberfläche verwaltet und die Kommunikation mit den Anwendungen abwickelt. Derzeit führend, weil am häufigsten verbreitet, ist das GUI-System Microsoft Windows. Für die Erstellung eines Prototyps sollte idealerweise das gleiche GUI-System verwendet werden, das im Design für die Realisierung der Benutzungsoberfläche verwendet wird. Auf diese Weise entsteht kein „Wegwerf-Prototyp", sondern der Prototyp kann evolutionär weiterentwickelt werden. Zudem birgt ein logischer oder schematischer Prototyp (z.B. in Powerpoint) die Gefahr, dass die spätere Implementierung aufgrund technologischer Randbedingungen vom Prototyp abweicht und somit erneute Abstimmungen notwendig werden.

Bevor mit dem Entwurf der Benutzungsoberfläche begonnen werden kann, sollte ein Regelwerk für die Gestaltung der Benutzungsoberfläche erstellt werden. Dieser Style Guide bestimmt entscheidend das Aussehen von Fenstern, Menüs und Interaktionselementen. Er soll sicherstellen, dass das Look & Feel innerhalb der Anwendung und auch über verschiedene Anwendungen hinweg weitgehend einheitlich gestaltet wird.

3.5.1   Dialogstruktur auf Basis des statischen Modells

Auf Basis des Klassendiagramms kann systematisch eine objektorientierte Dialogstruktur abgeleitet werden. Hierbei wird nachfolgend vom Entwurf eines sogenannten Rich-Clients ausgegangen. Für Anwendungen mit Thin-Clients, die häufig Browser-basiert arbeiten, lassen sich ähnliche Abbildungsregeln festlegen. Die grundlegende Idee hierbei ist, dass jede Klasse des Analysemodells auf ein Erfassungsfenster und ein Listenfenster abgebildet wird.

Erfassungsfenster
Das Erfassungsfenster bezieht sich auf ein einzelnes Objekt einer Klasse. Jedes Attribut der Klasse wird auf ein grafisches Interaktionselement (z.B. ein Eingabefeld oder Checkbox) im Erfassungsfenster abgebildet. Der Typ des Attributs bestimmt hierbei die Auswahl des geeigneten Interaktionselementes.

Jede Operation der Klasse wird auf eine Menü-Option innerhalb eines Kontextmenüs (Popup-Menü) oder auf eine Schaltfläche (Button) abgebildet. Das Erfassungsfenster dient der Erfassung und der Änderung der Daten eines Objekts. Die Schaltflächen besitzen folgende semantische Bedeutung:

- OK: Speichern des Objekts und Schließen des Fensters
- Übernehmen: Speichern des Objekts, ohne das Fenster zu schließen. Da im Allgemeinen anschließend ein anderes Objekt erfasst wird, werden alle Felder des Fensters neu initialisiert.
- Abbruch: Schließen des Fensters und Verwerfen der Eingabe
- Liste: Öffnen des zugehörigen Listenfensters, während das Erfassungsfenster geöffnet bleibt.

Listenfenster
Das Listenfenster zeigt alle Objekte einer Klasse an. Häufig werden die Objekte im Listenfenster nur durch einen Teil der Attribute beschrieben. Der Anwender sollte die wichtigsten Attribute auf einen Blick sehen und kann bei Bedarf das Erfassungsfenster des entsprechenden Objekts öffnen.

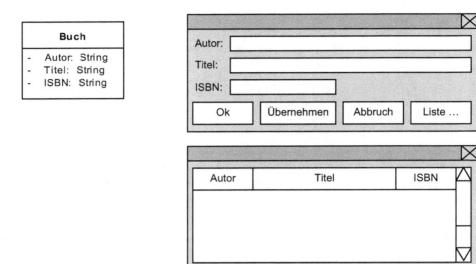

Abb. 3.28 Erfassungs- und Listenfenster für die Klasse Buch

Klassenattribute und -operationen beziehen sich auf alle Objekte der Klasse. Sie werden daher im Listenfenster dargestellt. Klassenattribute werden auf Interaktionselemente, Klassenoperationen auf Menüoptionen oder Schaltflächen abgebildet. Die Schaltflächen haben hierbei folgende semantische Bedeutung:

- Neu: Öffnen eines leeren Erfassungsfensters
- Ändern: Öffnen des Erfassungsfensters für das ausgewählte Objekt
- Löschen: Löschen des ausgewählten Objekts
- Schließen: Schließen des Listenfensters.

Navigation
Assoziationen im Klassendiagramm geben die Navigationswege zwischen den Objekten vor. Sie erlauben es dem Benutzer, sich durch ein Netz von Objekten zu bewegen. Bei einer fertigen Anwendung werden viele Objektverbindungen durch die implementierten Operationen aufgebaut und geändert. Einige Verbindungen werden aber auch weiterhin über den Dialog erstellt.

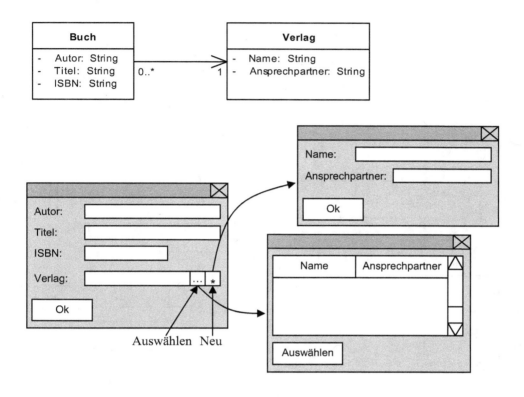

Abb. 3.29   *Darstellung von 0..1- Assoziationen*

Das Erstellen und Entfernen von Objektverbindungen wird in das Erfassungsfenster derjenigen Klasse integriert, von der aus zum bezogenen Objekt navigiert werden soll. Hier zeigt sich, dass eine frühe Festlegung der Richtungen der Assoziationen im Klassendiagramm von Vorteil ist. Bidirektionale Beziehungen bedeuten für die Dialogsteuerung erhöhte Komplexität und Implementierungsaufwand.

Für jedes Erfassungsfenster ist darzustellen, zu welchen Klassen Verbindungen möglich sind, welche Objekte dieser Klassen existieren und mit welchen Objekten bereits eine Beziehung besteht. Verbindungen zu anderen Objekten können aufgebaut und auch wieder getrennt werden.

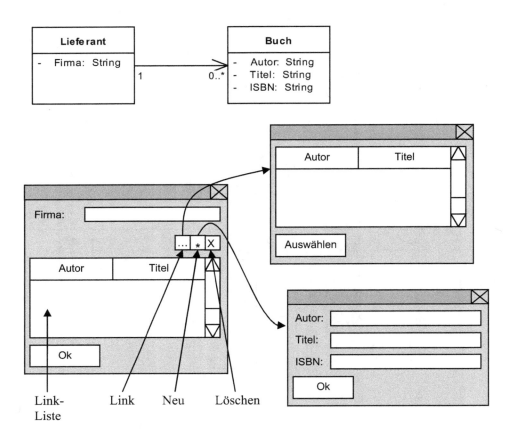

Abb. 3.30   *Darstellung von 0..*-Assoziationen*

Auch Vererbungsstrukturen gilt es bei der Abbildung von Klassen auf Fenster zu beachten. Hierfür gibt es verschiedene Möglichkeiten:

1. Bei einer konkreten Oberklasse wird außer den Unterklassen auch die Oberklasse auf ein Fenster abgebildet. Die Fenster der Unterklassen erhalten zusätzlich zu den eigenen Eigenschaften und Operationen alle Elemente der Oberklasse.
2. Ist die Oberklasse abstrakt, dann wird für sie kein eigenständiges Fenster entworfen. Wie bei 1. enthalten die Fenster der Unterklassen zusätzlich zu den eigenen die geerbten Elemente.
3. Bei einer mehrstufigen Vererbungsstruktur ist analog zu 1. und 2. zu verfahren.

Die geerbten Attribute sollten in den Fenster der Unterklassen einheitlich präsentiert werden, damit der Benutzer erkennt, dass es sich um dieselben Elemente handelt.

3.5.2   Gestaltungsregeln für Dialoge

Beim Entwurf von Benutzerschnittstellen sollte darauf geachtet werden, dass der Anwender optisch durch das Fenster geführt wird. Grundsätzliche Gestaltungsmittel sind Gruppierungen und Hervorhebungen. Dabei sollte berücksichtigt werden, dass alle Gestaltungsmittel sowohl innerhalb eines Fensters, als auch über alle Fenster der Anwendung hinweg konsistent verwendet werden (Style Guide, vgl. 3.5 User Interface Design).

Semantisch zusammengehörende Elemente sollten gruppiert werden, denn eine geeignete Gruppierung kann Suchzeiten in einem Fenster reduzieren. Anwender orientieren sich zuerst an Gruppen, dann an deren Inhalten.

Nachfolgend eine Auswahl von Gestaltungsregeln, die bei der sinnvollen Gruppierung von Fensterelementen helfen kann.

- Die Elemente sollten in der Gruppe so angeordnet werden, wie es der Arbeitsablauf des Anwenders erfordert.
- Informationen im oberen Bereich einer Gruppe werden schneller entdeckt als im unteren Bereich.
- Eine spaltenweise statt einer zeilenweisen Anordnung von Elementen innerhalb einer Gruppe begünstigt das Suchen und Vergleichen von Elementen innerhalb der Gruppe.
- Gruppenüberschriften erhöhen zwar die Übersichtlichkeit, sie vergrößern jedoch die dargestellte Informationsmenge und den für ihre Darstellung benötigten Raumbedarf.
- Eine Gruppe sollte nicht mehr als vier oder fünf Elemente enthalten, damit das gesuchte Element unmittelbar in dieser Gruppe gefunden werden kann.
- Die Gesamtzahl der Gruppen sollte nicht größer als vier oder fünf sein, da ansonsten der Überblick über die Gruppierungen erschwert wird.

Grundsätzlich sollte bei der Anordnung aller Elemente eines Fensters auf eine harmonische Gestaltung geachtet werden. Hierfür gibt es sechs wesentliche Eigenschaften, auf die beim Entwurf eines Fensters geachtet werden sollte.

1. **Proportionen:** Dem Anwender erscheinen Fenster angenehmer, wenn diese eher breit als hoch sind. Die Fenster sollten daher ein Seitenverhältnis von 1:1 bis 1:2 (Höhe zu Breite) besitzen. Dies lässt sich häufig durch eine Verteilung der Informationen in zwei Spalten erreichen.
2. **Balance:** Teilt man ein Fenster durch eine vertikale Linie in der Mitte, dann sollte die Informationsdichte auf beiden Seiten gleich groß sein.
3. **Symmetrie:** Die Symmetrie stellt eine Verstärkung der Balance dar. Zusätzlich zu 2. wird gefordert, dass horizontal gegenüberliegende Elemente gleichartig sind. Diese Gleichartigkeit bezieht sich auf die Art des Interaktionselements oder die Größe des Elements. In der Praxis ist es häufig schwierig diese Forderung zu erfüllen.
4. **Sequenz:** Das Auge des Anwenders sollte sequentiell durch das Fenster geführt werden und dabei keine unnötigen Sprünge machen müssen. Die wichtigsten Informationen sollten oben links zu finden sein, denn auf diesen Bereich achtet der Benutzer zuerst.

5. **Einfachheit:** Beim Entwurf eines Fensters ist darauf zu achten, es so einfach wie möglich zu gestalten. Farben oder unterschiedliche Schriftarten sollten sparsam bis gar nicht verwendet werden. Für jede dargestellte Information sollte die Art des Interaktionselements gewählt werden, die für den Typ der Information und die Art der Bearbeitung der Information geeignet ist.

6. **Virtuelle Linien minimieren:** Virtuelle Linien sind keine gezeichneten Linien im Fenster. Sie entstehen an den Kanten der Interaktionselemente. Der Einfluss dieser Linien auf die Harmonie eines Fensters darf nicht unterschätzt werden. Der Anwender bildet intuitiv diese Linien, sofern genügend optische Punkte - die Kanten der Interaktionselemente – vorhanden sind. Bei der Gestaltung sollte darauf geachtet werden, dass ein Fenster möglichst wenige virtuelle Linien enthält. Dies gilt nicht nur für die vertikalen virtuellen Linien, sondern auch die Anzahl der waagrechten Linien muss berücksichtigt werden.

3.5.3 Dialogfolgen mit Zustandsautomaten spezifizieren

Die in 3.4 vorgestellten Zustandsautomaten eignen sich hervorragend zur Modellierung der Benutzeroberfläche. Dies trifft auf die Modellierung der Eigenschaften einzelner Dialogelemente (z.B. einer Baumstruktur und ihrer Manipulationsmöglichkeiten) ebenso zu, wie auf die Modellierung von Dialogfolgen.

Das Anzeigen von Fenstern, Dialogen, Web-Seiten, etc. kann als **Zustand** betrachtet werden, in dem das Anwendungssystem verweilt und zur Interaktion mit dem Benutzer bereit ist. Das Betätigen der Tastatur oder Maus-Operationen führen zu **Ereignissen**, auf die das System mit **Aktivitäten** reagiert. Nach Ausführung der Aktivität wird ein weiterer oder erneut der gleiche Dialog angezeigt und das System wartet auf weitere Benutzerinteraktionen.

Der nachfolgend in **Abb. 3.31** modellierte Zustandsautomat stellt die Dialogfolge für eine einfache Anwendung dar. Zunächst muss sich der Anwender über einen Dialog bei der Anwendung anmelden. Die Ereignisse „Ok" und „Abbruch" spiegeln die Betätigung des entsprechenden Buttons auf dem Dialog wieder.

Nach erfolgreicher Anmeldung erfolgt der Wechsel in die eigentliche Anwendung. Diese wird als eigener Zustandsautomat mit internen Unterzuständen dargestellt.

Durch die Verwendung von entry- und exit-Aktivitäten in den Zuständen wird verdeutlicht, welche Operationen auf der Benutzeroberfläche erfolgen, wenn ein Dialog betreten bzw. verlassen wird. Die Aktivitäten an den Kanten der Transitionen beschreiben die Operationen, welche vom System beim Dialogwechsel durchgeführt werden. Dies gilt auch für Operationen an Transitionen, welche wieder zum gleichen Zustand zurückführen. Sie werden vom System ausgeführt, der Anwender kehrt aber wieder zum gleichen Dialog zurück. Dies kann wie in der modellierten Dialogfolge beispielsweise beim Aufruf einer Hilfefunktion der Fall sein.

Beim Beenden der Anwendung wird der Zustandsautomat „Anwendung XY" verlassen. Der Benutzer wird abgemeldet und erhält eine Logout-Bestätigung.

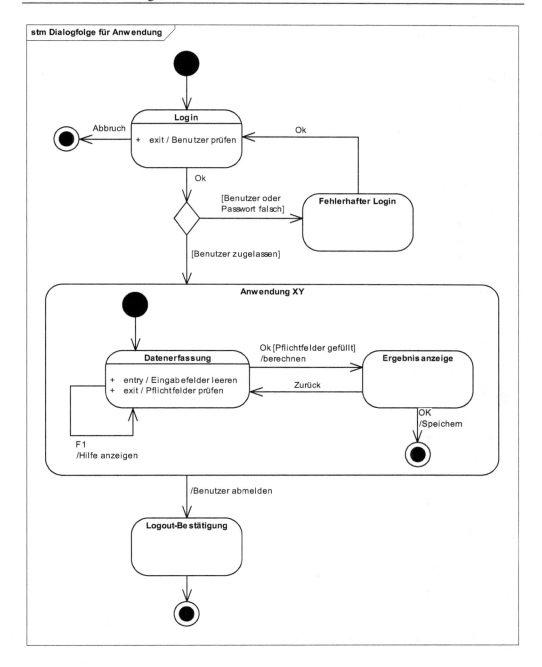

Abb. 3.31 *Spezifikation einer Dialogfolge mit einem Zustandsautomaten*

3.5.4   Aufgaben

Aufgabe 1

*Für das nachfolgende Klassendiagramm der **Abb. 3.32**. Ist für die Klasse Projekt das Fenster zum Erfassen eines neuen Projekts möglichst optimal zu gestalten. Dabei sind auch alle Verbindungen zu den Angestellten zu berücksichtigen. Begründen Sie Ihre Gestaltung.*

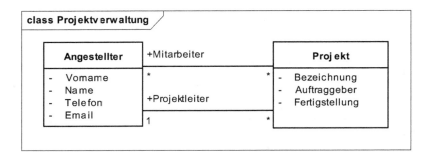

Abb. 3.32   *Klassendiagramm zu Aufgabe 1 und Aufgabe 2*

Aufgabe 2

*Aus dem Klassendiagramm der **Abb. 3.32**. ist die komplette Dialogstruktur abzuleiten und als Zustandsautomat zu modellieren.*

3.6   CRC-Karten

Als Hilfsmittel für die Ausbildung in der objektorientierten Programmierung wurden CRC-Karten erstmalig von Beck und Cunningham eingeführt. Sie sind ein wesentlicher Bestandteil der Methode von Wirfs-Brock (siehe [14]). Inzwischen ist diese einmal sehr verbreitete und bewährte Technik etwas in Vergessenheit geraten, obwohl sie in zahlreiche objektorientierte Methoden integriert wurde.

Eine CRC-Karte ist eine Karteikarte. CRC steht für Class/Responsibility/Collaboration und bezieht sich dabei auf die Eintragungen auf dieser Karteikarte.

Am oberen Rand der Karte wird der Name der Klasse (class) eingetragen, die durch die Karte beschrieben wird. Die restliche Karte wird in zwei Hälften geteilt. Auf der einen Hälfte werden die Verantwortlichkeiten (responsibilities) der Klasse eingetragen. Darunter sind sowohl das Wissen der Klasse als auch die zur Verfügung gestellten Operationen zu verstehen. Ein Objekt der beschriebenen Klasse kann seine Aufgabe selbst erfüllen oder es kann hierzu die Hilfe andere Objekte in Anspruch nehmen. Die dafür notwendigen Klassen (collaborations) werden auf der anderen Kartenseite eingetragen.

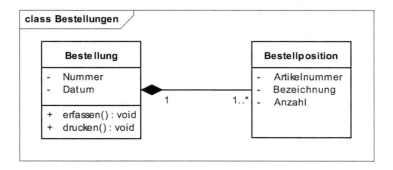

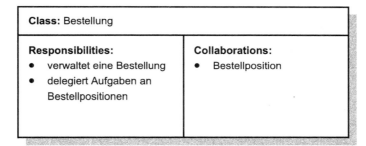

Abb. 3.33   *Ein UML-Diagramm und eine passende CRC-Karte*

3.6.1   Einsatz von CRC-Karten

Grundsätzlich sind CRC-Karten nicht als Alternative, sondern als Ergänzung zur Erstellung eines objektorientierten Analysemodells zu verstehen. Wie in **Abb. 3.33** gezeigt, werden die Informationen auf einer CRC-Karte auf einem höheren Abstraktionsniveau dargestellt als im Klassendiagramm.

Die ermittelten Klassen bilden immer einen Stapel von Karteikarten und können je nach Verwendungszweck angeordnet werden.

- Zur Modellierung der dynamischen Aspekte können die Karten angeordnet werden (z.B. an einer Pinn/Metaplan-Wand), damit sie den Nachrichtenfluss zeigen.
- Die Karten können nach Paketen gruppiert werden und ermöglichen so die Verifikation der Paketbildung durch eine Überprüfung der Zusammengehörigkeit der Klassen im Paket.

- Bei der Darstellung des statischen Modells werden die Karten entsprechend der Vererbungsstrukturen und Aggregat-Hierarchien angeordnet (vgl. Booch [2]).
- Im Projektmanagement können die Karten eingesetzt werden, indem sie nach Arbeitspaketen sortiert werden. Hier „leiht" sich der Entwickler die Karten aus, die er gerade in der Realisierung bearbeitet.

3.6.2   Aufgabe

Aufgabe 1

Erstellen Sie für alle Klassen im Klassendiagramm, das Sie in Kapitel 3.3.7, Aufgabe 5 erstellt haben, die entsprechende CRC-Karte. Beschreiben Sie jede Klasse mit ihren Verantwortlichkeiten und benötigten Klassen.

4 Objektorientiertes Design

Die bisherigen Kapitel beschäftigten sich mit den objektorientierten Konzepten in der Analyse und werden nun um einige Konzepte des objektorientierten Designs (OOD) ergänzt.

Während in der Analyse bei der Modellierung des Systems keine Implementierungsdetails berücksichtigt werden, ist es Aufgabe des Designs, die spezifizierte Anwendung auf einer Plattform unter den geforderten technischen Rahmenbedingungen zu realisieren. Dabei befindet sich der Entwurf noch auf einem höheren Abstraktionsniveau als die tatsächliche Implementierung in einer Programmiersprache.

Ziel des Entwurfs ist die Erstellung des OOD-Modells unter den Gesichtspunkten der Effizienz und Standardisierung. Entwurfs- und Implementierungsphase sind üblicherweise stark ineinander verzahnt, d.h. jede entworfene Klasse kann direkt implementiert werden.

Das OOD-Modell (Designmodell) als Ergebnis des objektorientierten Entwurfs wird analog zum OOA-Modell in UML dokumentiert. Es soll jedoch ein Spiegelbild des zu erstellenden Programms sein. Daher wird es durch die Aspekte der jeweils gewählten Programmiersprache, der eingesetzten Bibliotheken und der gewählten Architekturen beeinflusst. Umgekehrt werden aber auch im Design Entscheidungen aufgrund fachlicher Anforderungen getroffen, die sich auf die Wahl der Programmiersprachen, die Bibliotheken und die Architektur des Systems auswirken.

Die nachfolgenden Kapitel behandeln dabei jedoch nicht alle Aspekte des objektorientierten Entwurfs, sondern vor allem jene Aspekte, die für erste Schritte in Richtung der Abbildung der Anwendung auf eine objektorientierte Programmiersprache relevant sind. Eine weitergehende Betrachtung des objektorientierten Designs ist der angegebenen Literatur zu entnehmen.

4.1 Verfeinerung des Klassendiagramms

Die ersten Schritte des objektorientierten Designs bestehen in der Verfeinerung des erstellten OOA-Modells, im speziellen des Klassendiagramms mit den statischen Strukturen des Systems.

4.1.1 Klassen und Objekte

Grundsätzlich gilt die Notation der Klasse auch für den Entwurf. Eventuell ist jedoch der Name der Klasse an die Syntax der verwendeten Programmiersprache anzupassen. Während in der Systemanalyse großer Wert auf die jeweilige Fachterminologie gelegt wird und sie daher in unserem Sprachraum häufig in deutscher Sprache beschrieben ist, kann in der Entwurfsphase und in der Implementierung die englische Sprache verwendet werden. Sie ermöglicht kürzere Bezeichnungen und wird zudem häufig bei Klassenbibliotheken durchgängig verwendet.

Container-Klassen
In der Analyse sollten keine Klassen gebildet werden, um Mengen von Objekten zu verwalten. Jede Klasse besitzt inhärent eine Objektverwaltung. Im Entwurf wird die Objektverwaltung mittels Container-Klassen realisiert.

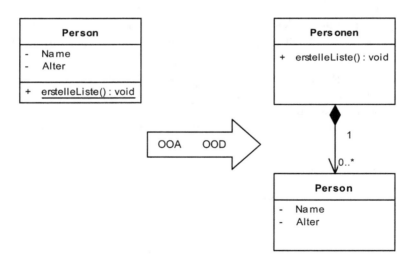

Abb. 4.1 *Beispiel eines Containers für die Verwaltung von Personen*

Unter einer Container-Klasse wird eine Klasse verstanden, die dazu dient, eine Menge von Objekten einer anderen Klasse zu verwalten. Sie stellt Operationen bereit, um auf die verwalteten Objekte zuzugreifen. Ein Objekt der Container-Klasse wird als Container bezeichnet. Typische Container sind beispielsweise Felder (arrays) und Mengen (sets).

Attribute und Operationen

Attributs- und Operationsnamen müssen ebenfalls an die Konvention der Programmiersprache angepasst werden. Während in der Analyse Attribute und Operationen (mit ihren Parametern) häufig ohne ihre Datentypen angegeben werden, ist die konkrete Festlegung der Typen ein wesentlicher Schritt im Design. Auch die Bezeichnungen von Attributen und Operationen sind den Konventionen der Programmiersprache anzupassen (z.B. beginnend mit Kleinbuchstaben).

Zusätzlich ist für alle Attribute und Operationen die Sichtbarkeit außerhalb der Klasse zu spezifizieren (public, private, protected und package). Hierbei sollte darauf geachtet werden, das Geheimnisprinzip (information hiding) stets einzuhalten und den Zugriff auf Attribute (private) nur über öffentliche Methoden (public) zu ermöglichen. Nur in begründeten Ausnahmefällen, die technologiebedingt durchaus vorkommen können, kann davon abgewichen werden.

4.1.2 Schnittstellen

Eine Schnittstelle (interface) spezifiziert einen Ausschnitt aus dem Verhalten einer oder mehrerer Klassen. Sie besteht aus der reinen Definition der Signatur von Operationen, d.h. sie besitzt keine Implementierung, keine Attribute, Zustände oder Assoziationen. Eine Schnittstelle ist äquivalent zu einer abstrakten Klasse, die ausschließlich abstrakte Operationen besitzt.

Im Zuge des Entwurfs sollte gemeinsames Verhalten unterschiedlicher Klassen identifiziert und durch die Definition einer entsprechenden Schnittstelle herausgearbeitet werden. Dies gilt vor allem für Klassen außerhalb einer Vererbungshierarchie.

Weitere Interfaces ergeben sich, wenn Operationen identifiziert werden können, die sich auf ganze Gruppen von Klassen auswirken bzw. mit diesen arbeiten. Da diese Gruppen (i.d.R. die Pakete) später Komponenten zugeordnet werden, definieren diese Interfaces die entsprechende Service-Schnittstelle der Komponente.

Beispielsweise könnte in einer Komponente zur Verwaltung von Bestellungen die Schnittstellen-Operation „storniereBestellung()" identifiziert werden, welche für die Löschung eines Objekts der Klasse „Bestellung" sowie der abhängigen Bestellpositionen verantwortlich ist. Diese Operation wird in einem Interface „BestellService" definiert. Implementiert wird dieses Interface durch eine Klasse, die auf den Klassen der Komponente operiert bzw. deren Instanzen verwaltet: die entsprechende Container-Klasse für Bestellungen. Bei der Namensvergabe für diese Container-Klasse wurde der Name der zu implementierenden Schnittstelle „BestellService" um das Postfix „Impl" (für Implementierung) erweitert.

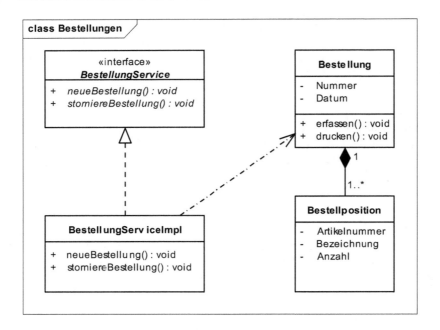

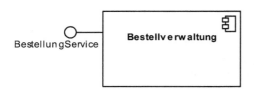

Abb. 4.2   *Interface als Servicedefinition einer Komponente*

Eine weitere Einsatzmöglichkeit von Interfaces ist die Verminderung von Abhängigkeiten zwischen Klassen, Paketen oder Komponenten (z.B. über das Entwurfsmuster Fassade). Hierzu mehr in Abschnitt 4.4.2.

4.1.3   Beziehungen

Navigation
Wie bereits in Kapitel 3.3.3 erwähnt, sind in der Analyse alle normalen Assoziationen, Kompositionen und Aggregationen inhärent bidirektional. Grundsätzlich sollte die Navigierbarkeit von Beziehungen so früh wie möglich - also bereits in der Analyse - festgelegt werden. Spätestens jedoch im Entwurf ist die Navigation der Beziehungen festzulegen. Aus diesem Grund sollte für ein Projekt eine der folgenden Konventionen festgelegt und konsequent eingehalten werden:

1. Es werden immer alle Pfeile eingetragen, d.h. eine Beziehung ohne Pfeile wird in diesem Fall überhaupt nicht traversiert.
2. Soll eine Beziehung in beide Richtungen traversiert werden, dann werden keine Pfeile eingetragen. Andernfalls wird die Richtung durch eine Pfeilspitze kenntlich gemacht. Dieser Fall ist nur dann sinnvoll, wenn alle Beziehungen des Diagramms auch traversiert werden.

Aggregation und Komposition
Hinsichtlich der besonderen Beziehungsarten Aggregation und Komposition ist im Design auf die unterschiedliche Bedeutung in der Implementierung zu achten.

Die Aggregation wird im Prinzip genauso wie die „normale" Assoziation als Referenz (oder Menge von Referenzen) auf das bezogene Objekt (die bezogenen Objekte) realisiert. Jedoch muss bei einer Aggregation ein Ganzes stets seine Teile kennen, d.h. es muss eine Navigation vom Ganzen (Aggregatobjekt) zu den Teilen möglich sein.

Auch bei der Komposition muss eine Navigation vom Ganzen zu den Teilen möglich sein. Zusätzlich ist darauf zu achten, dass Operationen, die das Ganze betreffen, sich auch auf seine Teile auswirken. Das Ganze und die Teile einer Komposition sind stets als eine Einheit zu betrachten. Dazu gehört z.B. das Sperren / Entsperren oder auch die Autorisierung. Der Zugriff im Dialog und das Erzeugen der Teile erfolgt immer über das Aggregatobjekt. Es ist für den Lebenszyklus seiner Teile verantwortlich.

Umgang mit besonderen Assoziationen
Neben den normalen binären Assoziationen gibt es noch weitere Assoziationen, welche bei der Erstellung des OOA-Modells verwendet werden können, jedoch im Design im Modell überarbeitet werden müssen, da sie sich nicht auf eine objektorientierte Programmiersprache wie Java oder C# übertragen lassen.

Die Verwendung einer assoziativen Klasse an einer Assoziation ist ein solcher Fall. Hierbei kann die Assoziation selbst die Eigenschaften einer Klasse besitzen, d.h. sie hat Attribute und Operationen sowie Assoziationen zu anderen Klassen. Dies wird über ein Klassensymbol dargestellt, das über eine gestrichelte Linie mit der Assoziation verbunden wird (**Abb. 4.3**).

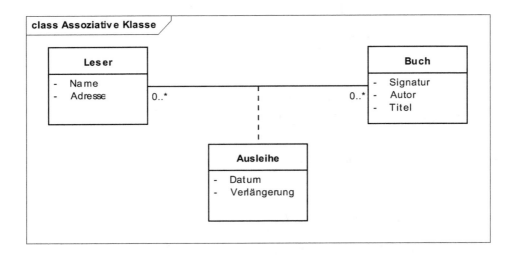

Abb. 4.3 *Verwendung einer assoziativen Klasse*

Da der normalen Assoziation in der Implementierung als Referenz keine eigenen Attributwerte zugewiesen werden können, muss die Verwendung einer assoziativen Klasse im Designmodell entfernt und das Modell verändert werden. Die Möglichkeit der Abbildung auf
eine Programmiersprache erreicht man dadurch, dass man die Assoziation zwischen den
beiden beteiligten Klassen auflöst und jeweils eine Assoziation zur assoziativen Klasse her-
stellt (**Abb.4.4**). Hierbei ist auf die korrekte Übernahme der Kardinalitäten an den Beziehungen zu achten, damit die ursprünglich modellierte Aussage erhalten bleibt.

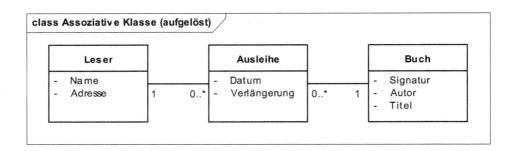

Abb. 4.4 *Assoziative Klasse im Designmodell*

Höherwertige Assoziationen gehören ebenfalls zu den Konstrukten, welche im OOD-Modell
überarbeitet und aufgelöst werden sollten. Unter höherwertigen Assoziationen versteht man
Assoziationen zwischen drei oder mehr Objekten. Die nachfolgende Abbildung (**Abb. 4.5**)
modelliert die Reservierung eines Sitzplatzes in einem Zug über eine ternäre Assoziation.

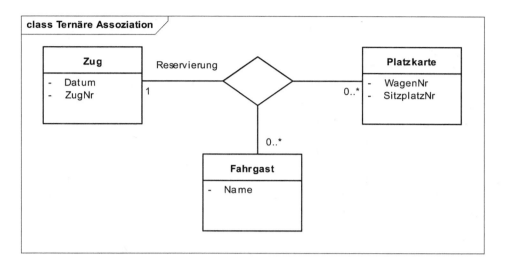

Abb. 4.5 *Ternäre Assoziation*

Auch die ternäre Beziehung kann durch die Einführung einer weiteren Klasse aufgelöst werden. Im Beispiel wird dies durch die Einführung der Klasse „Reservierung" erreicht (**Abb. 4.6**). Diese verbindet einen Fahrgast mit seiner zugehörigen Platzkarte. Für einen Zug kann es mehrere Reservierungen geben. Auch hier ist auf die korrekte Übernahme der Kardinalitäten an den jeweiligen Beziehungen zu achten.

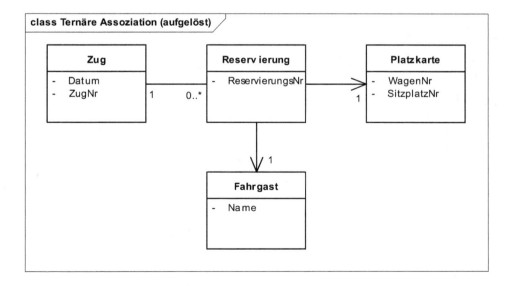

Abb. 4.6 *Ternäre Beziehung im Designmodell*

4.1.4   Pakete

Das Designmodell ist wesentlich umfangreicher als das Analysemodell. Dementsprechend ist das Konzept der Pakete hier besonders wichtig. Sie dienen dazu, Elemente des Modells - insbesondere Klassen - zu Gruppen zusammenzufassen und als Ganzes zu behandeln.

Da Pakete ineinander geschachtelt werden können, eignen sie sich sehr gut dazu, die Klassen nach Themengebieten (z.B. Bestellungen) und Aufgaben (z.B. GUI-Klassen) auf Unterpakete zu verteilen. Auf oberster Ebene sollten Pakete hierbei immer nach fachlichen Gesichtspunkten getrennt werden.

Die **Abb. 4.7** stellt eine entsprechende Verfeinerung des Paketdiagramms aus **Abb. 3.19** in Kapitel 3.3.1 dar. Für die einzelnen fachlichen Bereiche Artikel, Bestellung, Lieferant und Kunde wurden jeweils Unterpakete für die GUI-Klassen (z.B. ArtikelGUI), die Klassen der originären Geschäftslogik (z.B. ArtikelBusiness) und für die Klassen für die Datenbankzugriffe (z.B. ArtikelDB) gebildet.

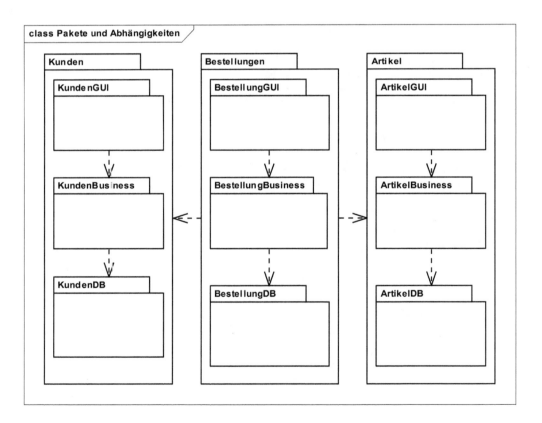

Abb. 4.7 *Pakete und Unterpakete mit Abhängigkeiten*

Dies spiegelt eine Einteilung des Systems und seiner Bestandteile gemäß einer Drei-Schichten-Architektur wieder. Hierbei spricht man bei der horizontalen Schichtung von der Präsentationsschicht, der Geschäftslogikschicht und der Datenhaltungsschicht. Vertikal ist das System nach den fachlichen Themengebieten getrennt. Pakete dienen somit auch dazu, diese architekturelle Trennung durch die entsprechende Gruppierung der Klassen wiederzuspiegeln.

Je komplexer diese Einteilung wird, desto stärker ist darauf zu achten, dass die Abhängigkeiten zwischen den einzelnen Paketen einen gerichteten Graphen ergeben.

In **Abb. 4.7** wurden die Abhängigkeiten der Pakete aus dem OOA-Modell (**Abb. 3.19**) übernommen. Innerhalb der Pakete wird dem Architekturprinzip Rechnung getragen, dass jeweils die übergeordnete Schicht die darunterliegende Schicht nutzt. Somit sind auch die Abhängigkeiten zwischen den Paketen von GUI über Business zu DB gerichtet.

4.1.5   Komponenten

Betrachtet man die in **Abb. 4.7** vorgenommene Einteilung der Pakete, liegt der Schluss zu einer Bildung von Komponenten analog zur vorgenommen Einteilung nahe. Die UML 2.0 definiert eine Komponente als „eine modulare, verteilbare und ersetzbare Einheit eines Systems, welche ihren Inhalt kapselt und über eine oder mehrere Schnittstellen nach außen zur Verfügung stellt".

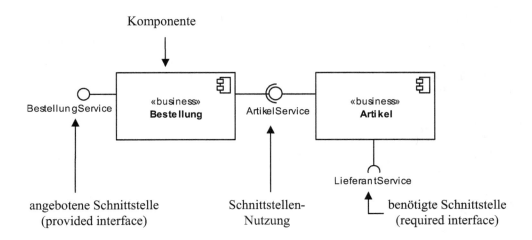

Abb. 4.8 *Komponenten und ihre Schnittstellen*

Wendet man das Geheimnisprinzip auf Pakete statt auf Klassen an, kann man die Klassen des Pakets als interne Struktur der Klasse verstehen, die ihre Funktionalität über eine (oder ggf. mehrere) Schnittstelle(n) anderen Paketen zur Verfügung stellt. Diese Schnittstellen können wie in Kapitel 4.1.2 beschrieben gebildet werden.

Für die Darstellung der Komponenten, ihrer angebotenen und benötigten Schnittstellen eignet sich das Komponentendiagramm. **Abb. 4.8** zeigt die Komponenten „Bestellung" und „Artikel" mit ihren angebotenen und benötigten Schnittstellen.

Komponenten sollten immer dann verwendet werden, wenn eine Reihe von interagierenden Klassen gemeinsam eine Aufgabe erfüllt und diese nach außen durch klar definierte Schnittstellen anbietet. Zusätzlich sollten Komponenten immer dann angewendet werden, wenn das durch sie angebotene Verhalten wieder verwendbar für andere Teile des Systems oder anderer Systeme bereitgestellt werden soll.

Im Gegensatz zu einem Paket stellt die Komponente eine physische Sicht dar, d.h. die Komponente ist später auch in der technischen Umsetzung als solche erkennbar, z.B. als ausgelieferte, einzeln nutzbare und deploybare (installierbare) Einheit.

4.1.6   Aufgaben

Aufgabe 1

Spezifizieren Sie die folgende Problemstellung als OOD-Klassendiagramm und als Objektdiagramm:

Ein Artikel wird von einem oder mehreren Lieferanten eingekauft. Ein Lieferant liefert im Normalfall mehrere Artikel. Es soll eine Liste aller Artikel erstellt werden, die für jeden Artikel alle zugehörigen Lieferanten enthält. Außerdem soll für einen beliebigen Lieferanten eine Liste aller von ihm gelieferten Artikel erstellt werden.

Aufgabe 2

In der Analyse wurde das Klassendiagramm (**Abb. 4.9**) erstellt. Bilden Sie das Klassendiagramm in den Entwurf ab. Erstellen Sie ein Klassendiagramm und ein Objektdiagramm.

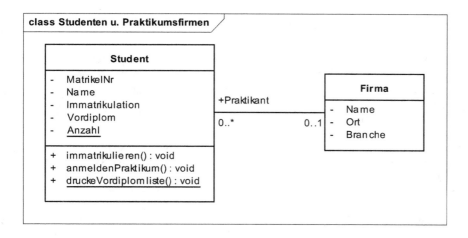

Abb. 4.9 *Klassendiagramm für Studenten und Praktikumsfirmen*

Aufgabe 3
Überführen Sie das Analysemodell aus **Abb. 4.10** in ein Designmodell, indem Sie die Beziehungen zwischen den Klassen auf geeignete Weise überarbeiten.

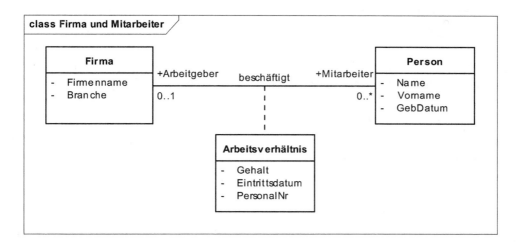

Abb. 4.10 *Firma und ihre Mitarbeiter*

4.2   Szenarios mit Sequenzdiagrammen

Die Zusammenarbeit von Objekten ist anhand von direkten Implementierungen in Java oder C# schwer nachzuvollziehen, da häufig eine ganze Kette von Operationen aus verschiedenen Klassen ausgeführt wird. Das Klassendiagramm zeigt nur eine Menge von Schnittstellen, nicht jedoch das dynamische Verhalten. Die Zusammenarbeit der Objekte kann daher nur mittels geeigneter Szenarios beschrieben werden.

Für komplexe dynamische Zusammenhänge sollten daher konsequent Sequenzdiagramme eingesetzt werden. Dabei sind diese Zusammenhänge nicht auf einzelne Klassen beschränkt. Auch die Zusammenarbeit von Komponenten über die Nutzung ihrer angebotenen Schnittstellen (Services) kann mit Sequenzdiagrammen gut veranschaulicht werden.

Während der Analysephase reichen oft die Basiselemente der Sequenzdiagramme aus, da hier häufig relativ einfache Szenarien und Anwendungsfälle grafisch dargestellt werden. Im Entwurf werden jedoch komplexere Abläufe wie die Interaktion zwischen einzelnen architektonischen Schichten oder auch nebenläufige Prozesse dargestellt.

Das Sequenzdiagramm sollte daher immer genutzt werden, wenn eine Interaktion unter folgenden Randbedingungen dargestellt werden soll:

- Die Abfolge der Nachrichten ist wichtig.
- Die durch Nachrichten verursachten Zustandsübergänge sind kaum relevant.
- Die Interaktionen sind kompliziert und müssen stark gesteuert werden.
- Die (strukturelle) Verbindung zwischen den Kommunikationspartnern ist uninteressant.
- Es sollen Ablaufdetails aufgezeigt werden.

Jeckle [9] gibt folgende Einsatzmöglichkeiten der Sequenzdiagramme im Projekt an. Der Bereich des objektorientierten Designs wird zusätzlich hervorgehoben.

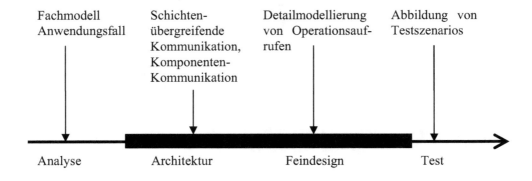

Abb. 4.11   *Mögliche Anwendung von Sequenzdiagrammen im Projekt*

Um die Architektur des Systems und dessen Strukturierung in Pakete transparent zu machen, ist es manchmal sinnvoll, diese Paketgrenzen in die Sequenzdiagramme einzutragen. Dies können aber auch Grenzen zwischen Client und Server oder zwischen GUI-, Geschäftslogik- und Datenhaltungsschicht sein.

Die dynamische Modellierung mittels Sequenzdiagrammen kann eine wichtige Aufgabe im Entwurf sein, weil sie das dynamische Verhalten von Anfang bis Ende transparent machen kann. Die konkrete Anwendung hängt stark von der Ausprägung des zu erstellenden Systems ab. In der Praxis ist es daher wichtig, die primären Szenarios und komplexesten Interaktionen zu erkennen und mittels Sequenzdiagramm zu modellieren.

4.3 Beschreibung von Zustandsänderungen

Während die bereits erwähnten Zustandsautomaten die möglichen Zustände eines Objekts einer Klasse (oder eines Systems) darstellen, kann es im Entwurf auch nötig sein, die Zustandsänderungen mehrerer Objekte aufgrund ihrer Interaktion oder in Abhängigkeit von Ereignissen darzustellen. Hierfür ist das Timingdiagramm geeignet.

4.3.1 Interaktionen im Timingdiagramm

Das Timingdiagramm zeigt die Änderung des Zustands eines Kommunikationspartners unter Angabe der exakten zeitlichen Bedingungen. Dabei können sowohl die Zustandsänderungen eines Classifiers als auch die Änderung mehrerer Classifier im Zusammenspiel dargestellt werden.

Das Timingdiagramm enthält dazu folgende Notationselemente für Interaktionen:

- Lebenslinien
- Nachrichten
- Zeitbedingungen
- Bedingungen, zustände und Attributwerte von Lebenslinien
- Zeitverlaufslinien.

In der vertikalen Dimension des Timingdiagramms werden die einzelnen Kommunikations- partner - repräsentiert durch ihre Lebenslinien - notiert. Dabei handelt es sich jedoch nicht um Linien im engeren Sinn, sondern um breite Streifen, in denen zusätzlich Zustände oder Bedingungen eingetragen werden.

In der horizontalen Dimension verläuft die Zeitachse, die mit einer Zeitskala versehen wer- den kann. Die Zeitverlaufslinie der Lebenslinie zeigt an, wann sich die Lebenslinie in wel- chem Zustand befindet. Verläuft die Zeitverlaufslinie waagerecht, dann befindet sich die Lebenslinie in dem entsprechenden Zustand. Senkrechte Verlaufslinien beschreiben einen Zustandswechsel der Lebenslinie.

Der Informationsaustausch zwischen den Kommunikationspartnern wird durch Nachrichten zwischen den Zeitverlaufslinien symbolisiert.

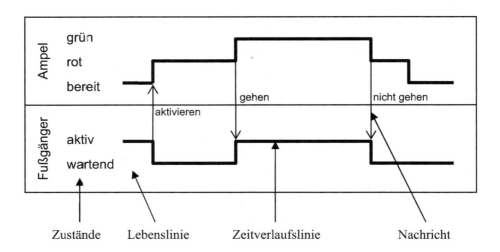

Abb. 4.12   *Timingdiagramm einer Ampel*

4.3.2   Kriterien für den Einsatz von Timingdiagrammen

Das Timingdiagramm sollte genutzt werden, wenn eine Interaktion unter folgenden Randbedingungen dargestellt werden soll:

- Es liegt ein reaktives oder stark modularisiertes System mit dedizierten, aber stark abhängigen Zustandsautomaten vor und es soll die Kommunikation zwischen diesen Automaten dargestellt werden.
- Genaue zeitliche Übergänge sind wichtig.
- Lokale und globale Daten sind für den Sachverhalt weniger interessant.
- Die Interaktion ist einfacher Natur. Nebenläufigkeiten oder Kontrollelemente sind unnötig oder treten in den Hintergrund.
- Es soll genau ein Zusammenspiel gezeigt werden und nicht mehrere Varianten auf einmal.

4.3.3 Aufgabe

Aufgabe 1

Erstellen Sie ein Timingdiagramm für einen Getränkeautomaten mit den Kommunikationspartnern und Zuständen:

- *Kunde (aktiv, wartend)*
- *Menüauswahl (bereit, nicht bereit)*
- *Getränkezubereiter (bereit, aktiv, Getränk bereitgestellt)*

4.4 Wege zu einem guten Design

In diesem abschließenden Kapitel sollen ein paar einfache Hinweise gegeben werden, wie das Design von Anwendungen verbessert werden kann. Ein erster Schritt ist der Einsatz von Entwurfsmustern. Ein weiterer Schritt kann die Beachtung einer Handvoll Regeln und Heuristiken zur Objektorientierung sein, die Hinweise auf die Gruppierung von Klassen, zur Kopplung oder Stabilität eines Pakets, einer Klasse, etc. geben.

4.4.1 Entwurfsmuster einsetzen

Bereits in Kapitel 3.3.5 wurde das Konzept der Muster anhand der vorgestellten Analysemuster erläutert. Muster geben bewährte, generische Lösungen für ein immer wiederkehrendes Problem an, das in bestimmten Situationen auftritt. Indem bei der Modellerstellung auf Muster zurückgegriffen und diese im Modell kenntlich gemacht werden, wird zum einen auf eine bewährte Lösung zurückgegriffen und zum anderen die Lesbarkeit und das Verständnis für das Modell erhöht.

Das Standardwerk zu Entwurfsmustern wurde von Erich Gamma und drei weiteren Autoren [5] geschrieben. In der Literatur werden die Autoren dieses Werks auch als GoF (Gang of Four) und ihre Muster als GoF-Pattern bezeichnet. In diesem Kapitel werden der Aufbau und die Einteilung der Entwurfsmuster sowie eines dieser Muster vorgestellt. Weitere Muster sind Gamma [5] zu entnehmen.

Allgemein betrachtet, werden Entwurfsmuster mit vier wesentlichen Elementen beschrieben:

- **Name des Musters**
  Er beschreibt ein Entwurfsproblem, seine Lösung und Konsequenzen mit einem oder zwei Wörtern. Die Namen der Muster erweitern das Entwurfsvokabular.
- **Problembeschreibung**
  Sie gibt an, wann das Muster anwendbar ist. Das Problem und der Kontext werden erklärt. Es können auch spezifische Entwurfsprobleme beschrieben werden.

- **Lösungsbeschreibung**
  Die Lösung gibt keinen konkreten Entwurf und keine konkrete Implementierung an, da ein Muster wie eine Schablone in verschiedenen Situationen angewendet werden kann. Ein Muster stellt eine abstrakte Beschreibung des Entwurfsproblems dar und beschreibt, wie eine allgemeine Anordnung der Klassen bzw. Objekte aussehen kann, um das Problem zu lösen.

- **Konsequenzen**
  Die Kenntnis der Konsequenzen ist wichtig, um Entwurfsalternativen zu evaluieren und das Kosten-Nutzen-Verhältnis von Mustern abzuwägen. Die Konsequenzen beziehen sich oft auf Performance oder Speichereffizienz. Sie können sich aber auch auf Sprach- und Implementierungseigenschaften beziehen. Weitere Konsequenzen sind die Auswirkungen auf Flexibilität, Erweiterbarkeit und Portabilität.

Gamma [5] klassifiziert Entwurfsmuster nach den Aufgaben der Muster in Erzeugungs-, Struktur- und Verhaltensmuster. Des Weiteren werden klassenbasierte und objektbasierte Muster unterschieden. Klassenbasierte Muster behandeln Beziehungen zwischen Klassen. Sie werden durch Vererbung ausgedrückt und zur Übersetzungszeit festgelegt. Objektbasierte Muster beschreiben Beziehungen zwischen Objekten, die zur Laufzeit geändert werden können. Sie benutzen bis zu einem gewissen Grad die Vererbung.

- **Erzeugungsmuster**
  Sie helfen, ein System unabhängig davon zu machen, wie seine Objekte erzeugt, zusammengesetzt und repräsentiert werden. Ein klassenbasiertes Erzeugungsmuster verwendet Vererbung. Ein objektbasiertes Erzeugungsmuster delegiert die Erzeugung an ein anderes Objekt.

- **Strukturmuster**
  Strukturmuster befassen sich damit, wie Klassen und Objekte zu größeren Strukturen zusammengesetzt werden. Ein klassenbasiertes Strukturmuster benutzt Vererbungen, um Schnittstellen und Implementierungen zusammenzuführen. Objektbasierte Strukturmuster beschreiben dagegen Wege, Objekte zusammenzuführen, um neue Funktionalität zu gewinnen. Diese Muster ermöglichen eine zusätzliche Flexibilität gegenüber den Klassenmustern, weil sich bei Objektstrukturen die Struktur zur Laufzeit ändern kann.

- **Verhaltensmuster**
  Sie befassen sich mit der Interaktion zwischen Objekten und Klassen. Sie beschreiben komplexe Kontrollflüsse, die zur Laufzeit schwer nachvollziehbar sind. Sie lenken die Aufmerksamkeit weg vom Kontrollfluss hin zu der Art und Weise, wie die Objekte interagieren. Klassenbasierte Verhaltensmuster verwenden Vererbung, um das Verhalten unter den Klassen zu verteilen. Objektbasierte Verhaltensmuster verwenden Aggregation bzw. Komposition anstelle von Vererbung.

4.4.2 Beispiel Fassaden-Muster

Zweck

Das Fassaden-Muster (facade) ist ein objektbasiertes Strukturmuster. Es bietet eine einfache Schnittstelle zu einer Menge von Schnittstellen (Pakete) an. Die Fassadenklasse definiert eine abstrakte Schnittstelle, um die Benutzung des Pakets zu vereinfachen.

Motivation

Ein wichtiges Entwurfsziel ist es, Pakete möglichst lose zu koppeln. Das kann beispielsweise durch die Einführung einer Fassadenklasse erreicht werden, die eine vereinfachte Schnittstelle für die – umfangreichere – Funktionalität des Pakets zur Verfügung stellt. Den meisten Klienten genügt diese vereinfachte Sicht. Klienten, denen diese Schnittstelle nicht reicht, müssen hinter die Fassade schauen.

Anwendbarkeit

Das Muster sollte angewendet werden, wenn

- eine einfache Schnittstelle zu einem komplexen Paket angeboten werden soll.
- es zahlreiche Abhängigkeiten zwischen Klienten und einem Paket gibt. Dann entkoppelt die Fassade beide Komponenten und fördert damit Unabhängigkeit und Portabilität des Pakets.
- die Pakete in Schichten organisiert werden sollen. Dann definiert eine Fassade den Eintritt für jede Schicht. Die Fassade vereinfacht den Zugriff auf die Schichten.

Struktur

Abb. 4.13 zeigt die allgemeine Struktur des Fassaden-Musters, an dem folgende Klassen beteiligt sind:

- **Fassade**
  Die Klasse weiß, welche Klassen des Pakets für die Bearbeitung einer Botschaft zuständig sind und delegiert Botschaften vom Klienten an die zuständige Klasse. Sie definiert keine neue Funktionalität. Oft wird nur eine Instanz der Fassadenklasse benötigt.
- **Package-Klassen**
  Sie führen die von der Fassade zugewiesenen Aufgaben durch und wissen nichts von der Fassade.

Interaktionen

Die Klienten kommunizieren mit dem Paket, indem sie Botschaften an die Fassade schicken, welche diese dann an das zuständige Objekt innerhalb des Pakets weiterleitet.

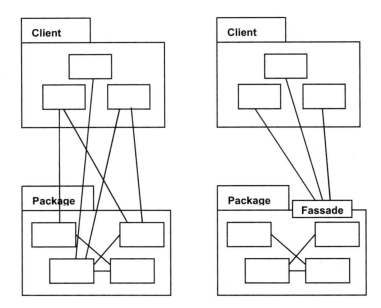

Abb. 4.13   *Fassaden-Muster*

Konsequenzen
* Das Fassaden-Muster reduziert die Anzahl der Klassen, welche den Klienten bekannt sein müssen und vereinfacht die Benutzung des Systems.
* Die lose Kopplung erleichtert den Austausch von Paketen und deren unabhängige Implementierung.
* Bei Bedarf können Klienten die Fassade umgehen und direkt auf die Klassen des Pakets zugreifen.

4.4.3   Design-Prinzipien und Heuristiken

In diesem Kapitel sollen einige Design-Prinzipien, Regeln und Empfehlungen vorgestellt werden, die als Checkliste für ein gutes Design verstanden werden können. Viele beziehen sich dabei auf die Begriffe Kopplung und Kohäsion.

Unter Kopplung versteht man den Grad der Abhängigkeit eines Softwaremoduls von einem oder mehreren anderen Softwaremodulen. Als Design-Ziele werden daher eine geringe Kopplung zwischen einzelnen Modulen (im Sinne Pakete) und eine hohe Kohäsion innerhalb der Module angesehen. Unter Kohäsion versteht man den Grad der Zusammengehörigkeit von Klassen.

Die nachfolgenden Prinzipien nehmen sich dieser Design-Ziele an.

Cohesion Principles (Kohäsion)

- Das **Reuse/Release Equivalency Principle (REP)** besagt, dass der Grad der Wiederverwendung der Granularität der Bereitstellung entsprechen sollte. Einzelne Klassen sind dabei selten alleine wiederverwendbar. Es sollte die Wiederverwendung von Gruppen bevorzugt werden.
- Das **Common Reuse Principle (CRP)** weist darauf hin, dass Klassen, die nicht gemeinsam wiederverwendet werden können, auch nicht gemeinsam gruppiert werden sollten.
- Beim **Common Closure Principle (CCP)** besagt, dass die Gruppierung von Klassen in Pakete die Propagierung von Änderungen aus einem Paket in andere Pakete minimiert. Falls eine Änderung notwendig sein sollte, sollten alle Klassen des Pakets gemeinsam betroffen sein. Oder anders: Klassen, die gemeinsam von Änderungen betroffen sind, gehören zusammen.

Package Coupling Principles (Kopplung)

- Das **Acyclic Dependency Principle (ADP)** besagt, dass die Abhängigkeit von Paketen einen azyklisch gerichteten Graphen ergeben soll. Treten trotzdem Zyklen auf, sollte eines der Pakete zerschlagen werden, um den Zyklus aufzulösen.
- Das **Stable Dependency Principle (SDP)** weist darauf hin, dass ein Paket immer nur von Paketen abhängen sollte, die stabiler sind als es selbst. Pakete mit vielen abhängigen Paketen sind stabil. Ein Paket, welches von vielen Paketen abhängt, ist instabil.
- Das **Stable Abstraction Principle (SAP)** besagt: Je stabiler ein Paket sein soll, desto abstrakter sollte es sein. Ein Paket ist abstrakt, wenn es nur abstrakte Klassen (und Interfaces) enthält. Abstrakte Klassen lassen sich leichter erweitern als konkrete Klassen, da es keine Einschränkungen durch eine vorhandene Implementierung gibt. Stabile Pakete sollten High-Level-Verhalten definieren (abstrakt). Instabile Pakete jedoch implementieren Low-Level-Verhalten (konkret, nicht abstrakt).

Weitere Design-Prinzipien sind:

- **Single Responsibility Principle (SRP)**
  Eine Klasse oder ein Paket sollte nur für einen Kontext verantwortlich sein.
- **Liskov Substitution Principle (LSP)**
  Methoden, die Referenzen auf Basisklassen nutzen, müssen auch abgeleitete Klassen benutzen können, ohne sie bzw. die Unterschiede zu kennen.
- **Dependency Inversion Principle (DIP)**
  Ein High-Level-Modul sollte nicht von Low-Level-Modulen abhängen. Beide sollten von Abstraktionen abhängen. Abstraktionen sollten nicht von Details abhängen, sondern Details von Abstraktionen.

Heuristiken

Heuristiken sind „Daumenregeln", die in vielen Fällen zutreffen, in manchen aber auch nicht. Im Gegensatz zum Prinzip ist eine Heuristik nicht allgemeingültig. Die nachfolgenden Heuristiken geben jedoch gute Ratschläge für die Validierung von Klassenstrukturen.

1. Heuristiken zu Klassen
   - Die Attribute / Methoden sind wirklich notwendig, um die Verantwortlichkeit der Klasse zu realisieren.
   - Enthält eine Klasse zu viele Verantwortlichkeiten, dann sollte sie aufgeteilt werden.
   - Die öffentliche Schnittstelle einer Klasse sollte nur aus Methoden bestehen.
   - Jede Methode sollte Attribute der Klasse verwenden (lesend oder schreibend).

2. Heuristiken zu Interfaces
   - Ein Interface ist einfach, aber trotzdem vollständig.
   - Das Interface stellt alle nötigen Operationen für einen einzigen Dienst zur Verfügung.
   - Die Schnittstelle des Interface ist verständlich und liefert genügend Informationen zur Verwendung und Implementierung.

3. Beziehungen
   - Bei Aggregationen / Kompositionen sollte eine Klasse wissen, was sie enthält. Sie sollte nie wissen, wer sie enthält.

4. Heuristiken für Vererbungsbeziehungen
   - Vererbungshierarchien sollten balanciert sein (nicht tiefer als fünf Ebenen und nicht zu breit)
   - Vererbung sollte nur zur Spezialisierung bzw. zur Abbildung einer Spezialisierungshierarchie verwendet werden.
   - Basisklassen sollten abstrakt sein.
   - Mehrfachvererbung ist zunächst als ein Entwurfsfehler zu betrachten.
   - Vererbungshierarchien sollten auf ein Paket beschränkt sein.
   - Subklassen sollten erweitern, nicht überschreiben / löschen.
   - Oberklassen sollten nicht ihre Unterklassen verwenden.

5 Lösungen

5.1 Lösungen zu Kapitel 1

Aufgabe 1

Die Kapselung erlaubt den Zugriff auf Attribute nur über definierte Methoden. Vorzüge sind bessere Datenintegrität, Schutz vor Zugriffen und die Entlastung des Benutzers vor Details.

Aufgabe 2

Ganzheitliche Herangehensweise und durchgängige Methoden: nachvollziehbare Abstraktionsmöglichkeiten, Abbild der Realität und keine Stilbrüche.

Klassen und Objekte: Sammelbegriffe für eine Menge von gleichartigen Dingen mit ähnlichem Verhalten, Klassen verbinden stets Eigenschaften und Verhalten.

Kapselung (Attribute und Methoden): Zugriff auf die Attribute nur über definierte Methoden.

Kohärenzprinzip: Unterteilung in überschaubare und handhabbare Einheiten.

Abstraktion (Generalisierung und Spezialisierung): Abbild der Beziehung „ist ein", Verringerung von Redundanzen.

Abstraktion (Assoziation): Beziehung beschrieben durch Namen und den dazugehörigen Rollen, sprechend und verständlich.

Abstraktion (Aggregation): Abbild der Beziehung „ … hat ein …", Beschreibung, wie sich ein Ganzes aus seinen Teilen zusammensetzt.

Nachrichtenaustausch über Botschaften: Kommunikation der Objekte durch Nachrichten, Client-Server Prinzip ist implementiert, Kontrolle des Flusses.

Polymorphie: gleichnamige, sprechende Methoden mit unterschiedlicher technischer Umsetzung, keine spezielle Namensgebung nötig.

Entwurfsmuster: in der Praxis bewährte Lösungsideen zu wiederkehrenden Problemen, Wiederverwendbarkeit.

Komponenten, Pakete, Modularisierung: Zusammenfassung zu funktional größeren Einheiten.

5.2   Lösungen zu Kapitel 2

Aufgabe 1

Es sind pro Aufgabenteil durchaus verschiedene Zusammenhänge möglich, diese würden sich durch den entsprechenden Kontext ergeben.

(a) Gert Heinrich ist ein Objekt der Klasse Person,
Gert Heinrich ist die Wertebelegung eines Attributs der Klasse Person,
Gert Heinrich ist eine Subklasse der Klasse Person, falls es mehrere Objekte der Klasse Gert Heinrich gibt.

(b) beides sind Objekte der Klasse Person und hängen durch eine Assoziation (hier „ist Vater von") zusammen,
beides sind Wertebelegungen eines Attributs der Klasse Person und hängen deshalb nicht zusammen,
beides sind eigene Klassen, falls es mehrere Objekte dieser Klassen gibt und hängen durch eine Assoziation zusammen.

(c) beides sind Objekte der Klasse Person und hängen durch eine Assoziation (hier nicht erkennbar) zusammen,
beides sind Wertebelegungen eines Attributs der Klasse Person hängen deshalb nicht zusammen,
beides sind eigene Klassen, falls es mehrere Objekte dieser Klassen gibt und hängen durch eine Assoziation zusammen.

(d) beides sind Wertebelegungen von Attributen einer Klasse (hier nicht angegeben) und hängen deshalb nicht zusammen,
Gert Heinrich ist eine eigene Klasse und 47 Jahre ist eine Wertebelegung eines Attributs.

(e) beides sind Wertebelegungen von Attributen einer Klasse (hier nicht angegeben) und hängen deshalb nicht zusammen,
Gert Heinrich ist eine eigene Klasse und sportlich ist eine Wertebelegung eines Attributs,
beides sind Objekte einer Klasse (hier nicht angegeben) und hängen durch eine Assoziation (hier nicht erkennbar) zusammen.

(f) Gert Heinrich ist die Wertebelegung eines Attributs einer Klasse (hier nicht angegeben) und Kaiser von China ist eine eigene Klasse und hängen deshalb nicht zusammen,
beides sind Wertebelegungen von Attributen einer oder zweier Klasse(n) (hier nicht angegeben) und hängen deshalb nicht zusammen.

(g) Gert Heinrich ist eine Wertebelegung eines Attributs der Klasse Professor,
beides sind Wertebelegungen von Attributen einer oder zweier Klasse(n) (hier nicht angegeben) und hängen deshalb nicht zusammen.

(h) Gert Heinrich ist die Wertebelegung eines Attributs einer Klasse (hier nicht angegeben) und läuft100km ist eine Methode dieser Klasse.

(i) kein Zusammenhang

(j) Komposition

(k) beide sind Wertebelegungen eines Attributs einer Klasse (hier nicht angegeben) und hängen eventuell durch eine Assoziation (hier nicht erkennbar) zusammen.

(l) kein Zusammenhang, da weder ein Lehrer ein Professor ist noch umgekehrt.

(m) Vererbung, die Klasse Dozent ist die Superklasse
(n) kein Zusammenhang, da es die Universität Villingen-Schwenningen nicht gibt
(o) Aggregation oder Komposition.

Aufgabe 2

class Zeiterfassung

Zeiterfassung
- personalnummer
- name
- alter
- abteilung
- urlaubstage
- kranktage
- ueberstunden
- kommenGehen[[ ]]
+ kommenStempeln()
+ gehenStempeln()
+ urlaubBeantragen()
+ urlaubGenehmigen()
+ urlaubstageEingeben()
+ kranktageEingeben()
+ zeitkontoBerechnen()
+ auswertungenDurchfuehren()
+ datenAktualisieren()

Aufgabe 3

class Studentenpartygast

Studentenpartygast
- name
- vorname
- studienfach
- partyTermine[]
- alkoholzustand
- stimmungszustand
+ teilnehmen()
+ essen()
+ trinken()
+ sichBetrinken()
+ unterhalten()
+ feiern()
+ richtigPartyMachen()
+ tanzen()
+ anmachen()
+ randalieren()
+ zutrittVerweigern()
+ ausSaalVerweisen()

Aufgabe 4

(a) Bildungseinrichtung, Programm, Scheinerwerb, Vorlesung, Anzahl Studierende, Studierende, Schein, Anzahl von Aufgaben, Aufgaben, Semester, Zeitpunkte, Lösungen, Status, Gruppen, Personen, Menü, Datensätze, Datei
(b) Vorlesung, Studierende, Gruppe: eigene Attribute und Methoden
(c) Anzahl Aufgaben, Status, Anzahl Studierende: nur verschiedene Wertebelegungen, keine eigene Funktionalität
(d) Schein erwerben, Vorlesung teilnehmen, Aufgabe lösen, Programm bedienen, Datensätze ablegen.

Aufgabe 5

(a) Klasse Fenster

(b) Objekt EinFenster

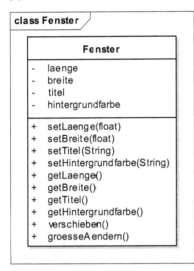

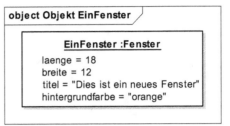

Aufgabe 6

Möglichkeit 1: Die Klasse Fortbewegungsmittel besitzt eine abstrakte Methode bremsen(). Die beiden abgeleiteten Klassen Auto und Fahrrad müssen die Methode überschreiben und mit ihrer eigenen Implementierung versehen.

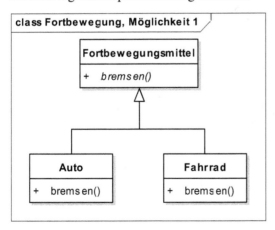

Möglichkeit 2: Die Klasse Fortbewegungsmittel implementiert die Methode bremsen() für Autos. Damit muss nur die Klasse Fahrrad diese Methode überschreiben und mit ihrer eigenen Implementierung versehen.

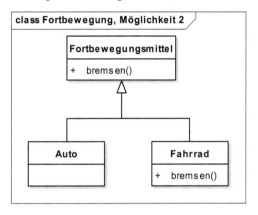

Aufgabe 7

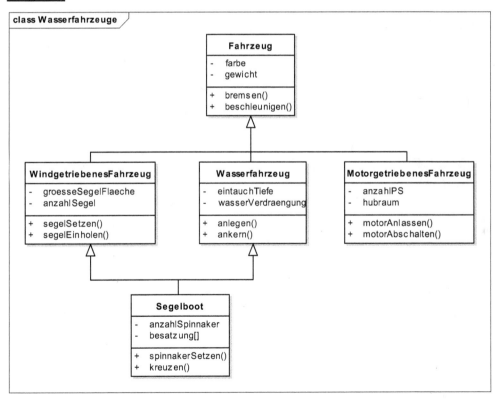

Alle Klassen haben die Methode bremsen(). Eine Möglichkeit ist, diese Methode abstrakt in der Klasse Fahrzeug zu implementieren und alle anderen Klassen zum Überschreiben zwingen. Eine andere Möglichkeit ist, die Methode bremsen() in der Klasse Fahrzeug konkret für eine der Subklassen zu implementieren und nur die anderen zum Überschreiben veranlassen. Dies wird häufig dann getan, wenn einige der Subklassen gleich bremsen.

Aufgabe 8

Klassendiagramm ohne Polymorphie:

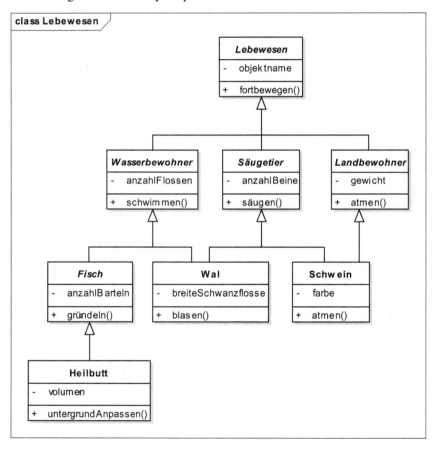

Klassendiagramm mit Polymorphie:

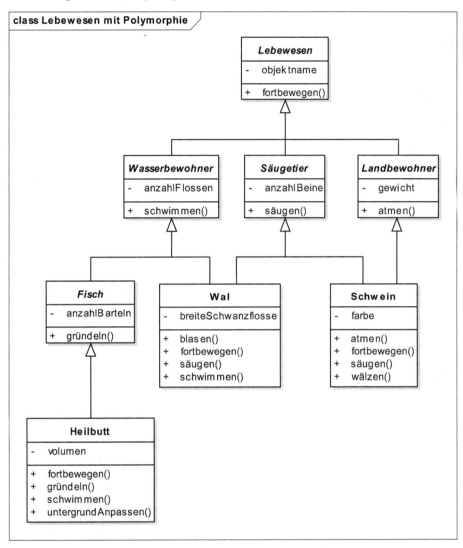

Aufgabe 9

Vererbung aufgegliedert nach Fahrzeugtypen:

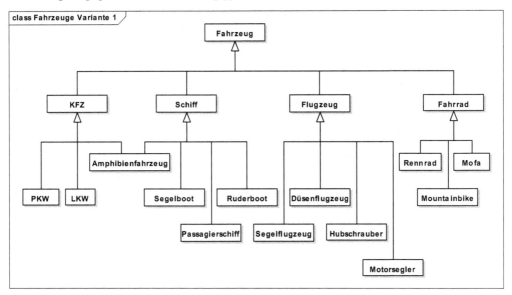

Vererbung aufgegliedert nach Bestandteil Motor:

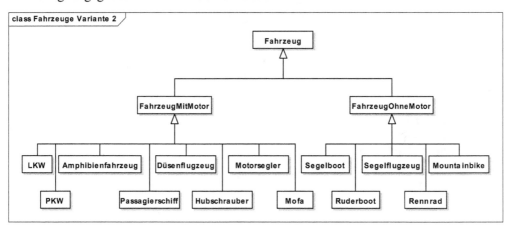

Vererbung aufgegliedert nach Medium:

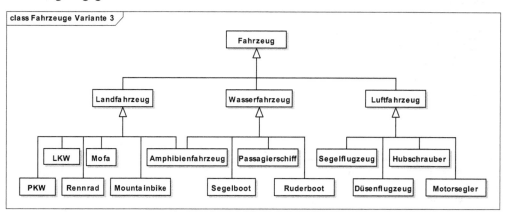

Aufgabe 10

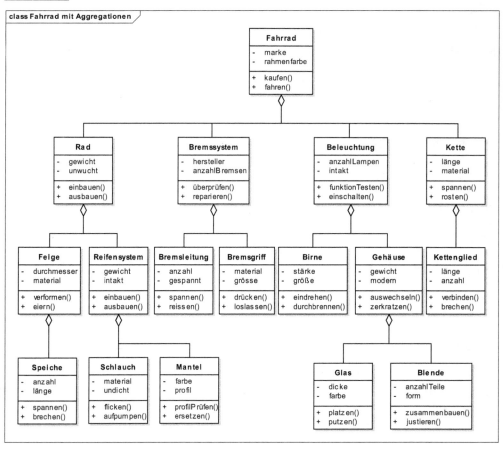

Aufgabe 11

(a) Es sind nur die Angaben aus dem Text im Diagramm enthalten.

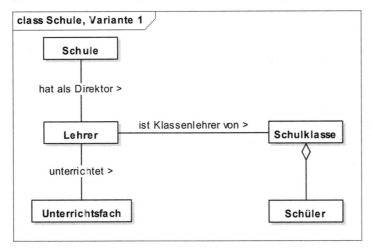

(b) Es fehlen zumindest Angaben zu folgenden Fragen:
Welcher Lehrer unterrichtet in welcher Schule?
Welche Schulklasse gehört zu welcher Schule?
Welche Fächer werden in welchen Klassen gehalten?
Welche Fachlehrer gehören zu welcher Schulklasse?

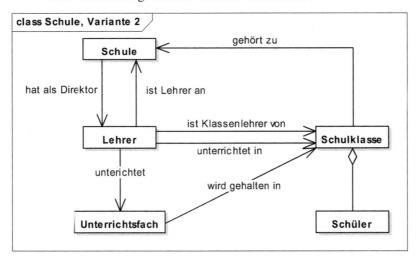

(c) Der Direktor hat in dieser Beschreibung keine eigenständigen Aufgaben, die eine Modellierung als eigene Klasse rechtfertigen. Er ist nur ein Attribut der Klasse Schule.

Aufgabe 12

(a) Klasse Fliesen

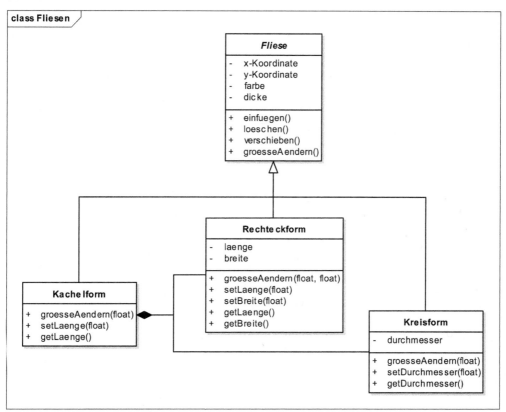

(b) Sequenz- und Kommunikationsdiagramm

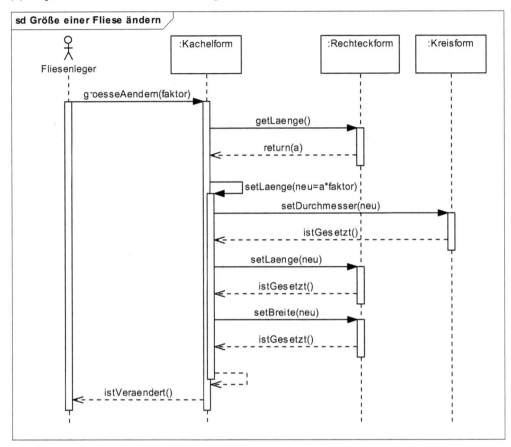

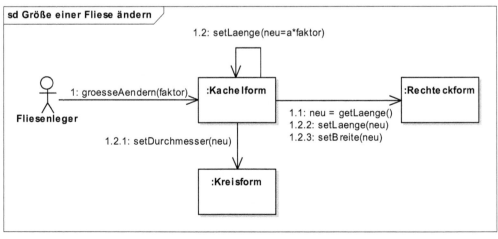

Aufgabe 13

(a) Klassen für Disziplinen, Geräte, Wettkampfstätten und Sonstiges

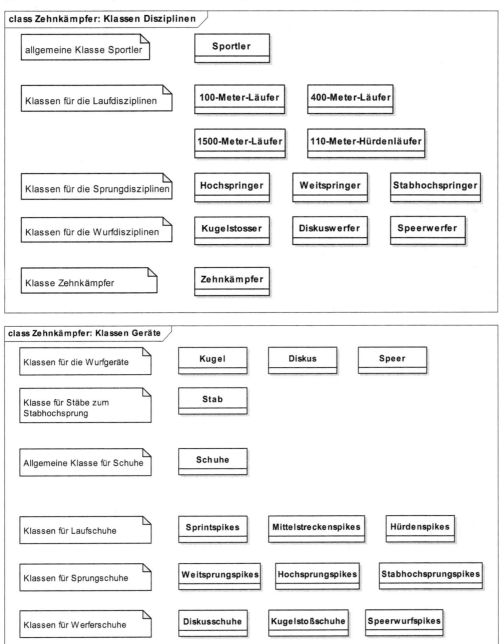

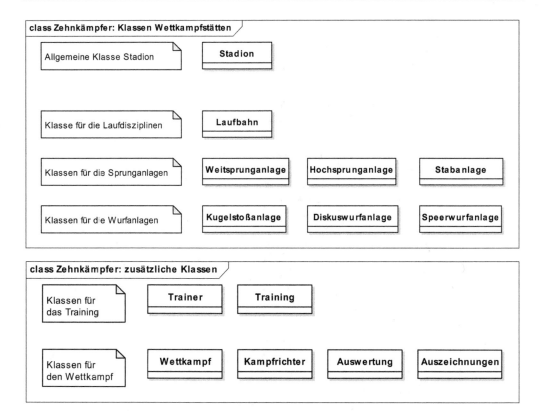

(b) Klassendiagramm

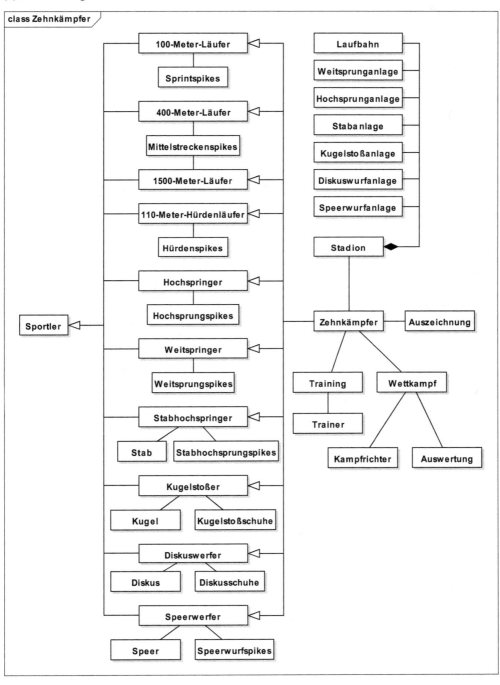

Aufgabe 14

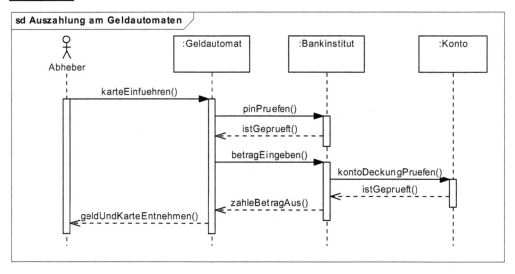

Aufgabe 15

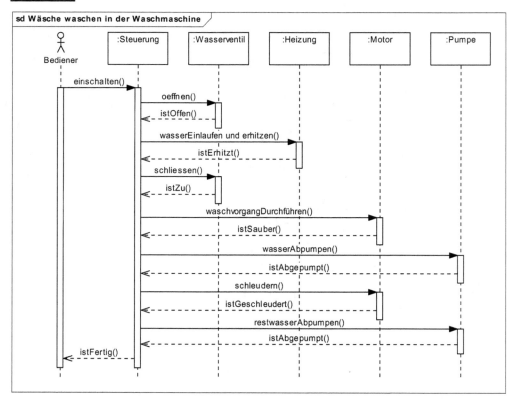

Aufgabe 16

Zustandsdiagramm Kartenautomat

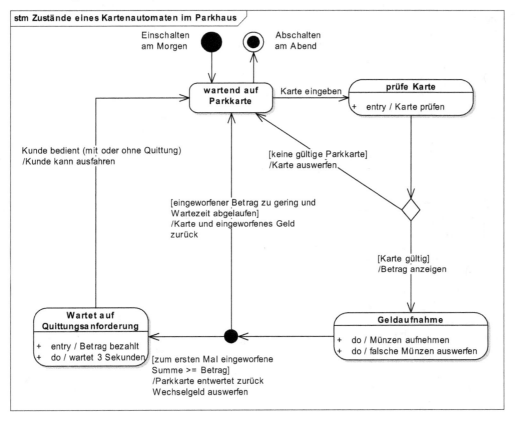

Aufgabe 17

Zustandsdiagramm Autovermietung

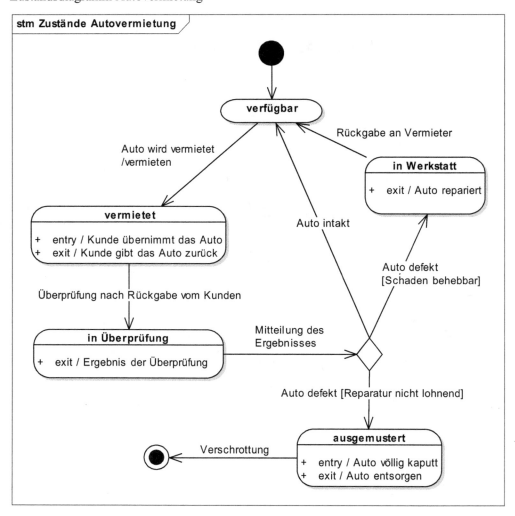

Aufgabe 18

Zustandsdiagramm fahrendes Auto

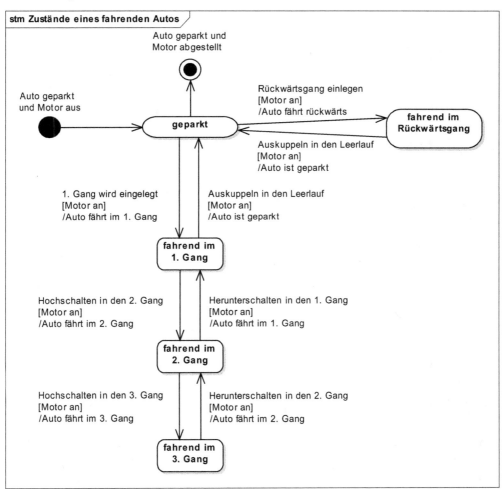

Aufgabe 19

Zustandsdiagramm Fahrrad

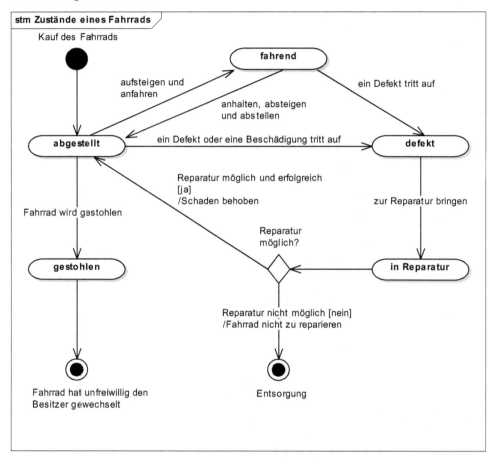

5.3   Lösungen zu Kapitel 3

5.3.1   Lösungen zu Kapitel 3.1

Aufgabe 1

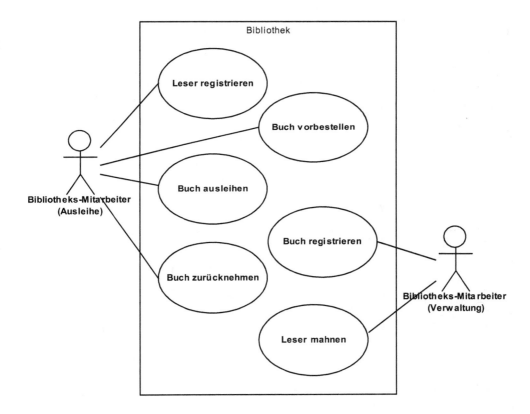

Aufgabe 2

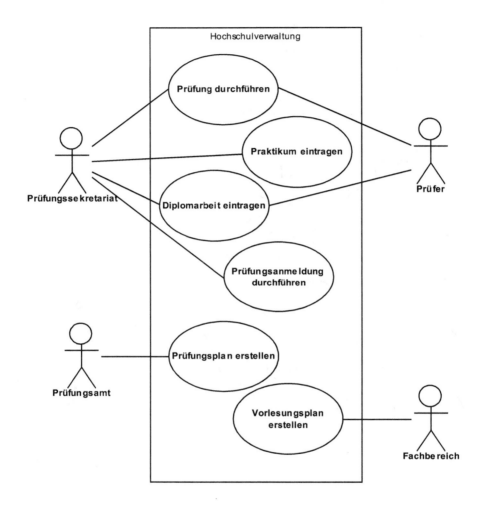

Anwendungsfall: Prüfung durchführen

Auslösendes Ereignis:
14 Tage vor dem festgelegten Prüfungstermin.

Vorbedingung:
Zulassungsliste liegt vor.

Nachbedingung:
Prüfungsleistung ist bewertet. Note liegt vor.

Ablauf:
1. Die Zulassungsliste wird an den Prüfer übermittelt.
2. Der Prüfer trägt die Ergebnisse in die Zulassungsliste ein.
3. Das Prüfungssekretariat überprüft die eingetragenen Ergebnisse.
4. Die Prüfungsergebnisse werden bekannt gegeben.

Anwendungsfall: Praktikum eintragen

Auslösendes Ereignis:
Ein Student legt eine Praktikumsbescheinigung vor.

Vorbedingung:
Der Student ist immatrikuliert.

Nachbedingung:
Das Praktikum ist anerkannt.

Ablauf:
1. Es wird geprüft, ob die Firma bereits im System existiert. Falls die Firma noch nicht im System erfasst ist, wird die Firma mit Name, Anzahl Mitarbeiter und Branche erfasst.
2. Das Praktikum wird eingetragen.

Anwendungsfall: Diplomarbeit eintragen

Auslösendes Ereignis:
Ein Student gibt ein Anmeldeformular zu einer Diplomarbeit ab.

Vorbedingung:
Der Student ist immatrikuliert.

Nachbedingung:
Die Diplomarbeit ist benotet.

Nachbedingung (Fehlschlag):
Die Anmeldung der Diplomarbeit ist abgelehnt.

Ablauf:
1. Der Student beantragt die Zulassung zur Diplomarbeit
2. Das Prüfungssekretariat überprüft, ob der Student die Prüfungen aller Pflichtveranstaltungen bestanden hat.
3. Das Prüfungssekretariat teilt dem betreuenden Prüfer die Anmeldung mit.
4. Der betreuende Prüfer trägt das Thema der Diplomarbeit ein.
5. Der betreuende Prüfer trägt die Note und das Abschlussdatum mit.

Anwendungsfall: Prüfungsanmeldung durchführen

Auslösendes Ereignis:
Es liegt ein Anmeldeformular eines Studenten zu einer Prüfung vor.

Vorbedingung:
Der Student ist immatrikuliert. Ein aktueller Prüfungsplan liegt vor.

Nachbedingung:
Der Student ist in die Zulassungsliste zur Prüfung eingetragen.

Nachbedingung (Fehlschlag):
Der Student hat eine Benachrichtigung über fehlende Voraussetzungen erhalten.

Ablauf:
1. Das Anmeldeformular wird vom Prüfungssekretariat auf Vollständigkeit und Korrektheit geprüft.
2. Das Prüfungssekretariat überprüft, ob die Teilnahmevoraussetzungen für die Prüfungen erfüllt sind. Wenn eine oder mehrere Voraussetzungen fehlen, wird der Student benachrichtigt.
3. Das Prüfungssekretariat ermittelt, der wievielte Prüfungsversuch des Studenten vorliegt.
4. Der Student wird in die Zulassungsliste der gewünschten Prüfungen eingetragen.

Anwendungsfall: Prüfungsplan erstellen

Auslösendes Ereignis:
Der festgesetzte Termin für den Prüfungsplan ist erreicht.

Vorbedingung:
Der Vorlesungsplan liegt vor.

Nachbedingung:
Der Prüfungsplan für die geplanten Vorlesungen ist erstellt. Zu jeder Prüfung ist eine leere Zulassungsliste erstellt.

Ablauf:
1. Aus dem Vorlesungsplan werden die aktuellen Vorlesungen und Prüfer entnommen.
2. Der Zeitpunkt jeder Prüfung wird mit Datum, Zeit und Raum eingetragen.
3. Für jede Prüfung wird eine - leere - Zulassungsliste erstellt.

Anwendungsfall: Vorlesungsplan erstellen

Auslösendes Ereignis:
Der festgesetzte Termin für den Vorlesungsplan ist erreicht.

Vorbedingung:
Es liegt eine Liste der Dozenten, Vorlesungstypen und Räume vor.

Nachbedingung:
Der Vorlesungsplan ist erstellt.

Ablauf:
1. Für jeden Pflicht-Vorlesungstyp wird eine Vorlesung eingetragen.
2. Für jeden optionalen Vorlesungstyp wird eine Vorlesung eingetragen.
3. Die die eingetragenen Vorlesungen werden Dozenten und Räume zugewiesen.
4. Der Vorlesungsplan wird mit den Dozenten abgestimmt.
5. Der endgültige Vorlesungsplan wird erstellt.

Aufgabe 3

Anwendungsfall: Anmeldung zum Seminar

Auslösendes Ereignis:
Die Seminaranmeldung eines Kunden liegt vor.

Vorbedingung:
Keine.

Nachbedingung:
Die Kundendaten sind erfasst oder ggf. aktualisiert. Die Anmeldebestätigung ist verschickt.

Ablauf:
1. Es wird geprüft, ob es sich um einen Neukunden handelt. Wenn ja, werden seine Daten erfasst. Ist der Kunde bereits erfasst, werden seine Daten überprüft und ggf. aktualisiert.
2. Es wird geprüft, ob das gewünschte Seminar angeboten wird und ob noch ausreichend Plätze vorhanden sind. Sind keine Plätze zum gewünschten Termin verfügbar, wird eine Absage mit Alternativterminen verschickt.
3. Die Buchung des Seminars wird durchgeführt.
4. Die Anmeldebestätigung zum Seminar wird erstellt und verschickt.

5.3.2 Lösungen zu Kapitel 3.2

Aufgabe 1

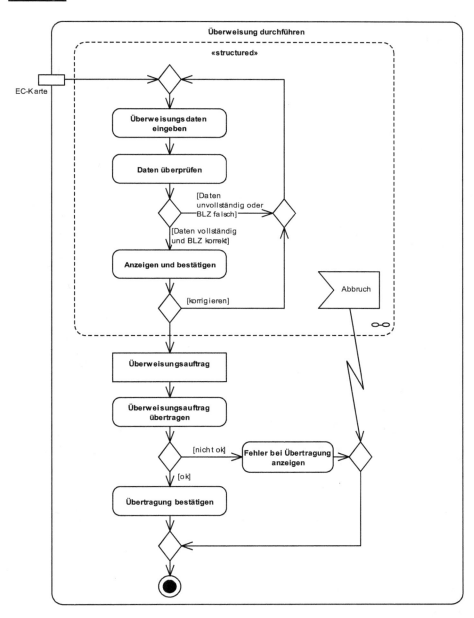

Aufgabe 2

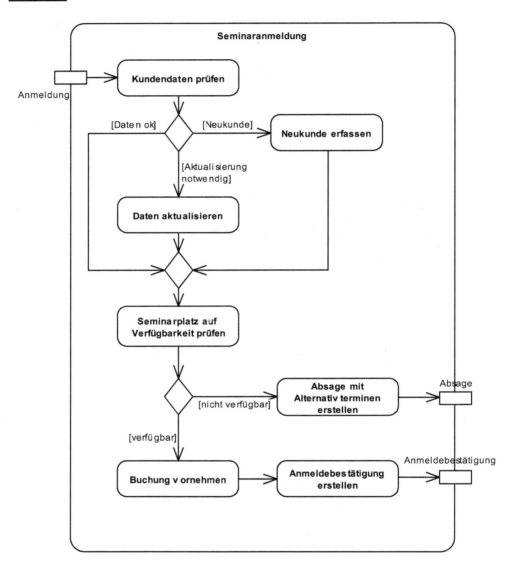

Aufgabe 3

Mögliche Anwendungsfälle in einer Kfz-Vermietung:

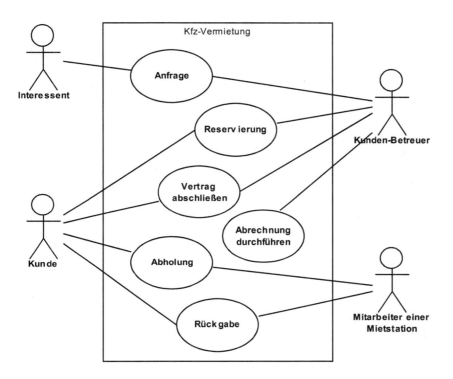

Aktivitätsdiagramm zum Anwendungsfall „Reservierung eines Kfz".

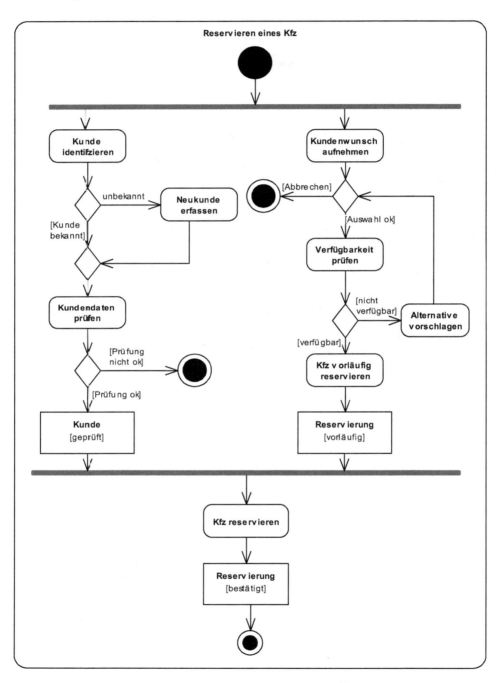

5.3.3   Lösungen zu Kapitel 3.3

Aufgabe 1

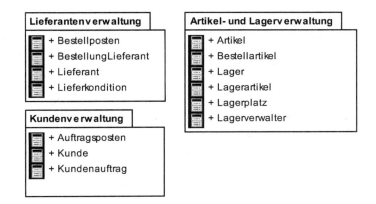

Aufgabe 2

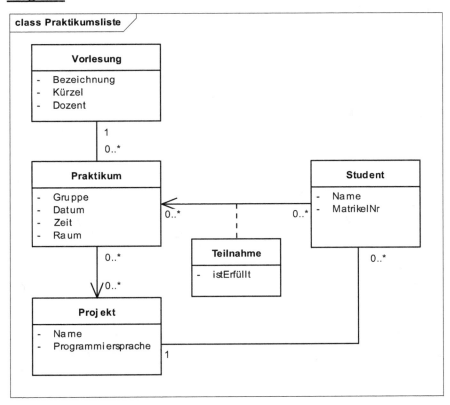

Aufgabe 3

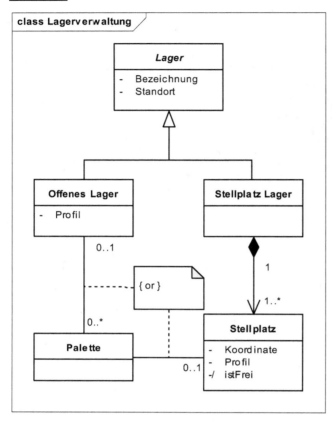

Aufgabe 4

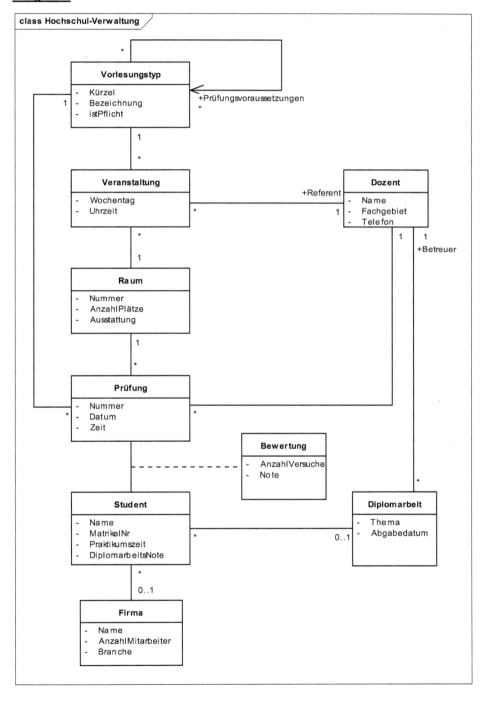

Aufgabe 5

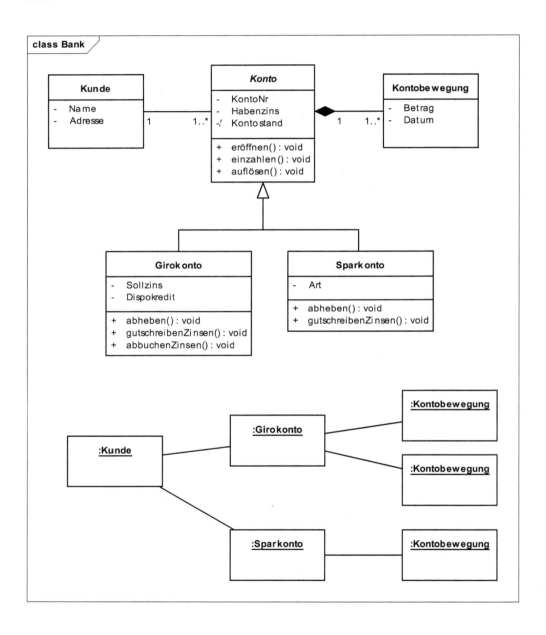

5.3.4 Lösungen zu Kapitel 3.4

Aufgabe 1

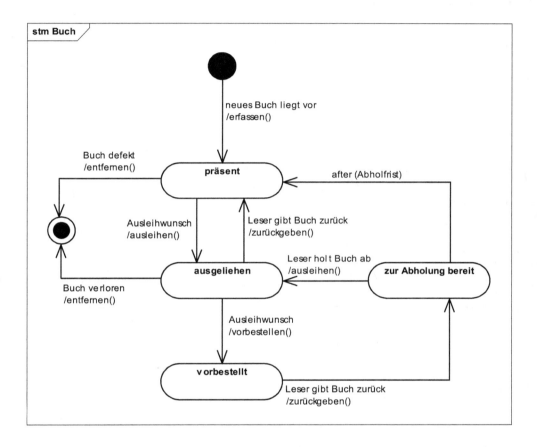

Aufgabe 2

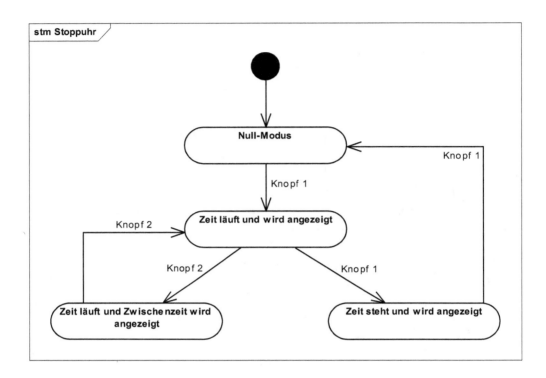

5.3.5   Lösungen zu Kapitel 3.5

Aufgabe 1

Das Erfassungsfenster wird wie folgt entworfen: Ein zweispaltiger Dialog ergibt ein breites Fenster. Da beide Fensterhälften gleich viele Informationen erhalten, ist das Fenster balanciert. Die Anzahl der virtuellen Linien wurde minimiert, indem alle Eingabefelder, mit Ausnahme des Datumsfeldes, gleich breit gewählt wurden. Die Assoziationen zu Projektleiter und Mitarbeiter wurden gemäß den Transformationsregeln realisiert.

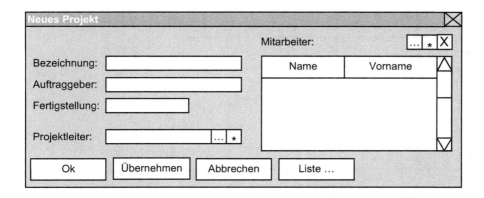

Aufgabe 2

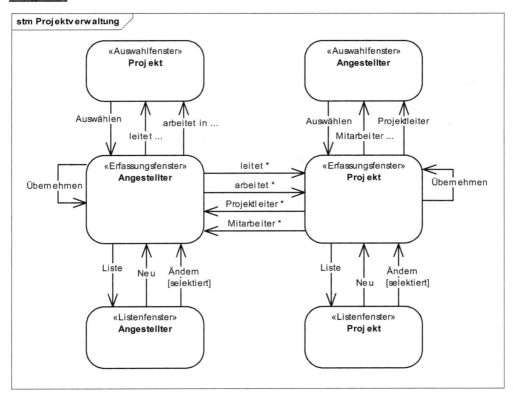

5.3.6   Lösung zu Kapitel 3.6

Class: Kunde	
Responsibilities: • verwaltet einen Kunden • verwaltet die Konten des Kunden	**Collaborations:** • Liste mit Konten

Class: Konto (abstrakt)	
Responsibilities: • verwaltet ein Konto (eröffnen, auflösen) • verbucht Einzahlungen • Kontostand ermitteln • kennt Habenzins	**Collaborations:** • Liste mit mindestens einer Kontenbewegungen

Class: Kontobewegung	
Responsibilities: • Betrag • Fälligkeitsdatum	**Collaborations:**

Class: Girokonto	
Responsibilities: • erweitert Konto um Soll- zins und Dispokredit • verbucht Auszahlungen bis Höhe des Dispokredits • kann Sollzinsen verbu- chen • kann Habenzinsen gut- schreiben	**Collaborations:** • Liste mit mindestens einer Kontenbewegung

Class: Sparkonto	
Responsibilities: • erweitert Konto um Art des Sparkontos • verbucht Auszahlungen solange Guthaben aus- reicht • kann Habenzinsen gut- schre ben	**Collaborations:** • Liste mit mindestens einer Kontenbewegung

5.4   Lösungen zu Kapitel 4

5.4.1   Lösungen zu Kapitel 4.1

Aufgabe 1

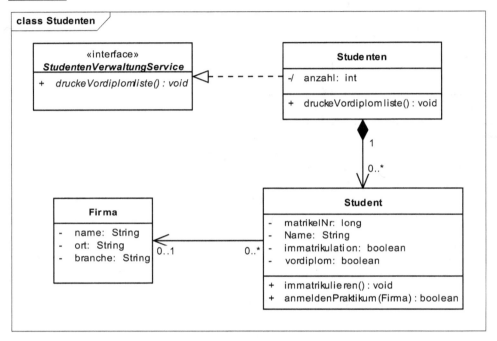

Aufgabe 2

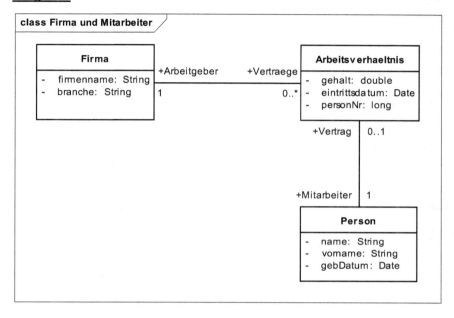

5.4.2   Lösung zu Kapitel 4.3

Aufgabe 1

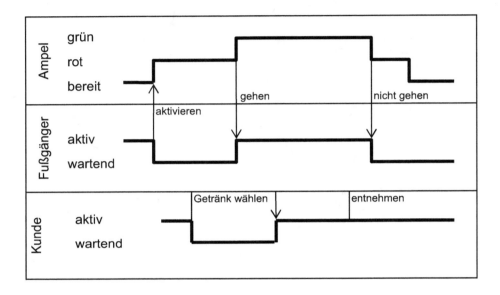

6 Literatur- und Quellenverzeichnis

[1] **Balzert, Heide**
     Lehrbuch der Objektmodellierung. Analyse und Entwurf,
     Spektrum Adademischer Verlag 2004, 2. Auflage

[2] **Booch, Grady**
     Object-Oriented Analysis and Design with Applications, Second Edition,
     The Benjamin/Cummings Publishing Company, Redwood City, 1994

[3] **Coad, Peter**
     Object Models, Strategies, Patterns, and Applications, Yourdon Press, Prentice Hall,
     Englewood Cliffs, 1995.

[4] **Fowler, Martin**
     Analysis Patterns – Reusable Object Models, Addison Wesley, Menlo Park,
     California, 1997

[5] **Gamma, Erich; Helm, Richard; Johnson, Ralph und Vlissides, John**
     Design Patterns – Elements of Reusable Object-Oriented Software. Addison-Wesley,
     Reading, Massachusetts, 1995

[6] **Heinrich, Gert**
     Allgemeine Systemanalyse, R. Oldenbourg Verlag 2007

[7] **Hruschka, Peter**
     Ein pragmatisches Vorgehensmodell für die UML. Objekt Spektrum, 2/98, pp. 34-54

[8] **Jacobson, Ivar; Cristerson, Magnus; Jonsson, Patrik und Övergaard, Gunnar**
     Object-Oriented Software-Engineering – A Use Case Driven Approach.
     Addison Wesley, Wokingham, 1992

[9]   **Jeckle, Mario; Rupp, Chris; Hahn, Jürgen; Zengler, Barbara und Queins, Stefan**
      UML 2 glasklar. Hanser, München, 2004

[10] **Oestereich, Bernd**
      Analyse und Design mit UML 2, R. Oldenbourg Verlag 2004, 7. Auflage

[11] **Oestereich, Bernd**
      Objektorientierte Softwareentwicklung - Analyse und Design mit der UML,
      R. Oldenbourg Verlag 2006, 6. Auflage

[12] **OMG**
      Unified Modeling Language (OMG UML), Superstructure, V2.1.2,
      OMG Document Number: formal/2007-11-02,
      http://www.omg.org/spec/UML/2.1.2/Superstructure/PDF

[13] **Rumbaugh, Jim und andere**
      Object-Oriented Modelling and Design, Prentice Hall, Englewood Cliffs, 1991

[14] **Wirfs-Brock, Rebecca; Wilkerson, Brian und Wiener, Lauren**
      Designing Object-Oriented Software. Prentice Hall, Englewood Cliffs, 1990

7 Index

A

Abhängigkeitsbeziehung 30
Aggregation 29, 84, 113
Akteur 58
Aktivitätsdiagramm 13, 64
  Aktion 71, 72
  Aktivität 72
  Aktivitätsbereich 79
  Checkliste 79
  Ein-/Ausgabe-Parameter 73
  Kante 75
  Kontrollfluss 75
  Kontrollknoten 76, 77
  Objektfluss 75
  Objektknoten 74
  strukturierte Knoten 69, 78
  Unterbrechungsbereich 78
Analysemodell 57
Analysemuster 88
  Exemplartyp 88
  Stückliste 89
Anwendungsfall 58, 95
  -beschreibung 61
  Checkliste 66
  -diagramm 59
  extend-Beziehung 64
  include-Beziehung 64
  sprachliche Regeln 62
  Textschablone 61
Anwendungsfalldiagramm 13
Architektur
  Datenhaltungsschicht 117
  Geschäftslogikschicht 117

Präsentationsschicht 117
Assoziation 27, 100, 102
  assoziative Klasse 113, 114
  beschreiben 84
  bidirektional 86
  binäre 113
  höherwertige 114
  Navigierbarkeit 85, 113
  tenäre 114, 115
  unidirektional 86
Assoziationklasse 27
Attribut 17, 20
  abgeleitetes 21
  Datentyp 21
  Initialwert 21
  Multiplizität 21
  Name 21
  Sichtbarkeit 21

B

Benutzungsoberfläche 98
  Dialogfolgen 104
  Dialogkomponente 98
  Dialogstruktur 99
  E/A-Komponente 98
  Erfassungsfenster 99, 100, 101
  Gestaltung 103
  Listenfenster 99, 100
  Navigation 100
  Prototyp 98
  Style Guide 99, 103
Beziehung 17
bottom-up-Vorgehen 82

C
Container-Klasse 110
CRC-Karte 106, 107

D
Datenmodell 5
Designmodell 109, 116
Design-Prinzipien 126
    Kohäsion 126
    Kopplung 126, 127
Dokumentenanalyse 82
Drei-Schichten-Architektur 117

E
Entitätsklasse 32
Entwurfsmuster
    Erzeugungsmuster 124
    Strukturmuster 124
    Verhaltensmuster 124
Entwurfsmuster 123
    GOF-Pattern 123
Entwurfsmuster
    Beispiel Fassaden-Muster 125
Entwurfsmuster
    Beispiel Fassaden-Muster 126
Ereignisliste 66

F
Fachkonzept 57
Fragment
    kombiniertes 43
Funktionenmodell 5

G
Generalisierung 24
Geschäftsprozess 58
Grundkonzepte
    Objektorientierung 9

H
Heuristiken 126, 128

I
Informationsaustausch
    räumlicher 40

zeitlicher 40
Interaktionsdiagramm 11
Interaktionsübersichtsdiagramm 14

K
Kapselung 18
Klasse 15
    abhängige 30
    abstrakte 19, 111
    Schnittstellenobjekte 33
Klassendiagramm 12, 17, 33, 80
Kommunikationsdiagramm 14, 40, 45
    Kommunikationspartner 45
    Lebenslinie 45
    Nachrichten 45
Komponente 111, 117
    Definition 117
    Schnittstelle 118
Komponentendiagramm 13, 17
Komposition 29, 84, 113
Kompositionsstrukturdiagramm 13, 17

M
Mehrfachvererbung 26
Methode 17, 22
    Name 22
    Parameterliste 22
    Rückgabewert 23
    Sichtbarkeit 22
    überschreiben 25
Modell 15
    dynamisches 57, 95, 120
    statisches 57, 81, 82, 99, 110
    statisches (Checkliste) 92
Modellierung
    strukturschwach 86
    strukturstark 86, 87

O
Objekt 15, 35
    Darstellung 36
Objektdiagramm 12, 17, 35, 37, 80
Objektmodellierung 1
Objektorientierung 1
Objektverwaltung 110

P

Paket 81, 116
  Abhängigkeiten 82
  Checkliste 91
  -diagramm 81, 116
  Teilsysteme 81
Paketdiagramm 13, 17
Petri-Netz 70
Polymorphismus 24
Programmiersprache
  objektorientiert 7
Prototyping 9

R

Realität 15

S

Schnittstelle 32, 111, 112, 118
Sequenzdiagramm 14, 40, 120
  Anwendung 120
  Interaktion 40
  Kommunikationspartner 40
  Lebenslinien 40
  Nachrichten 40
Service 111, 112
Softwareentwicklung 1
Spezialisierung 24
Steuerungsklasse 32
Strukturdiagramm 11, 17
Subklasse 24
Superklasse 24
Systementwicklung 1
Szenario 120

T

Timingdiagramm 14, 121
  Anwendung 122
  Dimensionen 121
  Kommunikationspartner 121
  Lebenslinie 121
  Zeitachse 121
Token

-konzept 70
-routing 71
-verschmelzung 72
-vervielfältigung 72
top-down-Vorgehen 84
Transition 47

U

UML 11
Use Case 58
User Interface Design 98

V

Vererbung 24, 102
Verhaltensdiagramm 11, 40
Verhaltensmodellierung 17
Verteilungsdiagramm 13, 17
Vorgehensmodell
  objektorientiert 9
Vorgehensweise
  inkrementell 9
  iterativ 9
  konventionell 1
  objektorientierte 5

W

Wasserfallmodell 2

Z

Zustand 121
Zustandsänderung 46
  Auslöser 47
  Bedingung 47
  Verhaltensweise 47
Zustandsautomat 95, 104
  Checkliste 97
  Einsatz 96
Zustandsdiagramm 13, 40, 46, 95
  Entscheidung 49
  Gabelung 49
  Kreuzung 49
  Vereinigung 49